Derek Prince
Du erquickst meine Seele

Derek Prince

Du erquickst meine Seele

Andachten aus den Psalmen Davids

Verwendete Bibelübersetzungen:

a) Einheitsübersetzung, Katholische Bibelanstalt GmbH, Stuttgart 1980
Zitierte Bibelstellen ohne Anmerkung sind solche der Einheitsübersetzung

b) Übersetzung von Franz Eugen Schlachter, Genfer Bibelgesellschaft, Genf 1978
zitiert: SchÜ

c) Revidierte Elberfelder Übersetzung, R. Brockhaus Verlag, Wuppertal 1980
zitiert: rev. ElbÜ

Freie Übersetzungen:
Da sich D. Prince wiederholt sehr stark auf bestimmte Worte der KJV oder NIV bezieht und diese wiederum im Text verwendet, wurde zugunsten der Einheitlichkeit und Klarheit mehrmals nicht wörtlich, sondern frei übersetzt bzw. die Ausdrücke der deutschen Bibelübersetzungen übernommen. Falls sich gewisse Wortspiele und Bezüge des Englischen dennoch nicht auf diese Weise übertragen ließen, wurden an wenigen Stellen Zu- bzw. Halbsätze zur Verdeutlichung eingefügt.

Titel der Originalausgabe: Chords from David's Harp

Übersetzung: Jost Buch
Satz: Satz & Medien Wieser, D-Stolberg
Grafik: ideeal design, Peter Karliczek, D-Uhingen
Druck: Breklumer Druckerei M. Siegel, D-Breklum
Printed in the EC

ISBN 3-935703-22-8
Bestellnummer 147322

Für kostenlose Informationen über unser umfangreiches Lieferprogramm an christlicher Literatur, Musik und vielem mehr wenden Sie sich bitte an:

ASAPH, D-58478 Lüdenscheid
eMail: asaph@asaph.net – Internet: www.asaph.net

KLÄNGE VON DAVIDS HARFE

Die Harfe des Hirten-Königs David ist lange nicht mehr erklungen. 3000 Jahre lang haben wir auf den Hügeln Judäas keinen Widerhall der lieblichen Weisen von dem „Mann nach Gottes Herzen“ mehr gehört. Wir haben ebenfalls noch nicht einmal irgendeine Aufzeichnung seiner Musik, die er für den „Chormeister“ bzw. den „Vorsänger“ komponierte.

Aber in einem der meistgeliebten Bücher der Bibel – es ist tatsächlich das meistgelesene Buch – sind viele der Lieder Davids aufgezeichnet. Seitdem sie verfasst wurden, sind die Psalmen im Laufe der Jahrtausende zu einer Quelle des Trostes, der Ermutigung, der Unterstützung im Lobpreis und zu einem Mittel geworden, den tiefsten Schmerzen und Sehnsüchten des menschlichen Herzens Worte zu verleihen.

„Seit über 50 Jahren“, sagt der international bekannte Bibellehrer Derek Prince, „habe ich immer und immer wieder die Psalmen Davids gelesen, um die Bedürfnisse meiner Seele zu stillen.“

In seinem klaren, treffenden Stil, den viele Zuhörer seines Radioprogramms „Today with Derek Prince“ wertschätzen, vermittelt uns nun Derek Prince Einsichten jener Jahre der Suche in 101 Andachten. Sie stammen aus den Psalmen und sind praktisch, persönlich und bereichernd.

Jede Andacht baut auf einem speziellen Abschnitt der Psalmen auf und entfaltet ihr Thema – von der glanzvollen Lektion „Er ruft die Sterne mit Namen“ bis zu schlichten Betrachtungen wie „Hoffnung für die Einsamen“ und „Die Gabe des Schlafes“. Alle Andachten schließen mit einer kurzen Antwort im Glauben. Um ein thematisches Studium zu ermöglichen, sind die 101 Lektionen im Inhaltsverzeichnis in einem oder mehreren von sieben Hauptabschnitten zusammengefasst.

Wie immer fließen bei Derek Prince seine persönliche Erfahrung, seine Kenntnis der hebräischen Sprache und Kultur sowie sein umfassendes Bibelwissen mit ein, um etwas einzufangen von dem Herzen Davids – und damit auch von dem Herzen Gottes.

„Das Nachsinnen über das Wort Gottes“, schreibt Derek Prince, „erweist sich als unerschöpflicher Ozean der Freude, dessen flachste Ufer allein von einer Seele zur anderen mit Worten übermittelt werden können. Die Fülle des Ozeans jedoch findet nur in der tiefsten Gemeinschaft der Seele mit Gott selbst ihren Ausdruck.“

VORWORT DES AUTORS

Davids Harfe ist lange nicht mehr erklungen. Auch die Geschichte hat uns keine Aufzeichnung über den Notensatz seiner Musik, die er gespielt hatte, überliefert. Vielleicht wurde ein solcher auch niemals in schriftlicher Form festgehalten. Er wurde nur im Gedächtnis der Musiker gespeichert, die David ausgebildet hatte, und von jenen an die nachfolgenden Generationen überliefert – bis mit der Zerstörung des zweiten Tempels ihre Musik endgültig verhallte.

Dennoch leben die Melodien der Harfe Davids weiter, nicht als vernehmbarer Klang eines Musikinstrumentes, sondern vielmehr als innere Resonanz der Seele, die Davids Psalmen immer noch hervorrufen. Im Laufe der Jahrhunderte ist diese Antwort der Seele auf die Psalmen Davids zur Erfahrung von unzähligen Millionen Menschen aus jeder Rasse, mit jedem Hintergrund und von jedem Winkel der Erde geworden. Wie sollen wir diese innere Resonanz beschreiben? Vielleicht ist das Wort *andächtiges Nachsinnen* am geeignetsten.

Davids erster Psalm spricht einen speziellen Segen über demjenigen aus, der über Gottes Gesetz bei Tat und bei Nacht andächtig nachsinnt. David verkündet nicht nur diesen Segen; er liefert uns auch eine unerschöpfliche Stofffülle, um dieses Nachsinnen anzuregen. In dieser Welt findet man keine Literatur, die die Fähigkeit der Psalmen Davids übertrifft, die menschliche Seele zum andächtigen Nachsinnen über die tiefsten und beständigsten Wahrheiten Gottes anzureizen.

Seit mehr als 40 Jahren habe ich mich immer wieder den Psalmen Davids zugewandt, um die Bedürfnisse meiner Seele zu stillen – Ermutigung, Inspiration, Korrektur, innere Stärke und Vision. Es ist mein aufrichtiges Gebet, dass diese kurzen, persönlichen Andachten meine Leser zu solchem eigenen Nachsinnen anregen, das weit über das hinausgeht, was ich in Worte zu kleiden vermochte. Das andächtige Forschen im Gesetz Gottes erweist sich als unerschöpflicher Ozean der Freude, dessen flachste Ufer allein von einer Seele zur anderen mit Worten übermittelt werden können. Die Fülle des Ozeans jedoch findet nur in der tiefsten Gemeinschaft der Seele mit Gott selbst ihren Ausdruck.

Die Andachten in diesem Buch sind in der Reihenfolge der Abschnitte aus den entsprechenden Psalmen geordnet. Sie beginnen mit Psalm 1 und enden mit einem Abschnitt aus Psalm 147. Viele Leser möchten wahrscheinlich diese Reihenfolge einhalten und vielleicht zu Beginn oder am Ende eines jeden Tages eine Andacht halten.

Es mag aber auch sein, dass mitunter ein Leser nach einer speziellen Andacht sucht, die zu seiner besonderen Stimmung oder Situation passt. Um dies zu ermöglichen, habe ich auf den Seiten 8 bis 13 ein Inhaltsverzeichnis des gesamten Stoffes in diesem Buch mit sieben thematischen Abschnitten zusammengestellt:

1. Gottes ewige Majestät
2. Gebet und Lobpreis
3. Die Wege Gottes verstehen lernen
4. In Leidenszeiten
5. Gottes allumfassende Fürsorge
6. Das Wort in Aktion
7. Zeit und Ewigkeit

Eine ganze Anzahl dieser Andachten sind in mehr als einem Abschnitt aufgelistet. Viele der unter „In Leidenszeiten" genannten Lektionen findet man beispielsweise unter „Die Wege Gottes verstehen lernen" wieder. Dadurch wird eine wichtige, praktische Lehre verdeutlicht: Gerade *in Leidenszeiten lernen* wir sehr schnell und effektiv *die Wege Gottes verstehen*. Es dient auch dazu, die Vielgestaltigkeit der Psalmen herauszustellen. Selbst ein kurzer Vers mit einer oder zwei Zeilen vermag uns Einsicht in mehrere kostbare Aspekte der göttlichen Wahrheit zu verleihen.

„Die Weisung des Herrn ist vollkommen,
sie erquickt den Menschen.

Das Gesetz des Herrn ist verlässlich,
den Unwissenden macht es weise.
Die Befehle des Herrn sind richtig,
sie erfreuen das Herz;
das Gebot des Herrn ist lauter,
es erleuchtet die Augen.“ (Psalm 19,8-9)

Mögen die nachfolgenden Andachten Ihnen helfen, Ihr volles Erbteil zu empfangen. Mögen sie Ihre Seele erquicken, Sie weise machen, Ihr Herz erfreuen und Ihre Augen erleuchten!

Derek Prince
Jerusalem
Mai 1983

INHALTSVERZEICHNIS

3. Die Wege Gottes verstehen lernen

4. In Leidenszeiten

5. Gottes allumfassende Fürsorge

6. Das Wort in Aktion

7. Zeit und Ewigkeit

SEGENSREICHER WOHLSTAND

„Wohl dem, der nicht wandelt nach dem Rate der Gottlosen noch tritt auf den Weg der Sünder noch sitzt, da die Spötter sitzen; sondern seine Lust hat am Gesetz des Herrn und in seinem Gesetze forscht Tag und Nacht. Der ist wie ein Baum, gepflanzt an Wasserbächen, der seine Frucht bringt zu seiner Zeit und dessen Blätter nicht verwelken, und alles, was er macht, gerät wohl."

Ps. 1,1-3 (SchÜ)

„Wohl dem": In den ersten Worten von Psalm 1 finden wir die Kernaussage aller nachfolgenden Psalmen. Die darin aufgezeigten Segnungen fließen in zwei Richtungen: von Gott zum Menschen und dann vom Menschen wieder zurück zu Gott.

David fährt fort und fasst die den Menschen verheißenen Segnungen in einem kurzen, aussagekräftigen Satz zusammen: „Alles, was er macht, gerät wohl." Wie können Sie eine solche Person werden, die von Gott so gesegnet ist, dass alles, was immer Sie tun, wohl gerät? David stellt fünf Bedingungen auf, von denen die ersten drei negativ, die letzten zwei positiv formuliert sind.

Zuerst die negativen Bedingungen: Sie dürfen *nicht* nach dem Rate der Gottlosen wandeln; Sie dürfen *nicht* auf den Weg der Sünder treten; Sie dürfen *nicht* bei den Spöttern sitzen. Hier stellt sich die entscheidende Frage: Woher beziehen Sie Ihren Rat? Der Rat, den Sie befolgen, bestimmt die Richtung Ihres Lebens. Wenn Sie Ihren Rat von Menschen beziehen, die Gottes Prinzipien ablehnen und seine Anforderungen verspotten, dann können Sie keinen Anspruch auf seinen Segen geltend machen.

Als Nächstes die positiven Bedingungen: Sie müssen Ihre Lust am Gesetz des Herrn haben und Sie müssen es Tag und Nacht erforschen. Die letztendliche Quelle für weisen und gerechten Rat ist das Gesetz des Herrn. Wenn Sie Ihr Herz und Ihren Sinn beständig mit seinem Gesetz füllen und wenn Sie

Ihr Leben danach ausrichten, wird Gott Ihnen Segen und Wohlstand als Ihr Erbe zuteilen.

Vielleicht sind Sie durch Frustration und Versagen müde geworden. Dann achten Sie auf diese Vorschriften. Sinnen Sie darüber nach. Wenden Sie sie an. Sie werden sich auch in Ihrem Leben auswirken. Gott selbst garantiert Ihnen den Erfolg.

MEINE ANTWORT IM GLAUBEN
Herr, ich will dem Beispiel Davids folgen und sagen: „Deine Vorschriften machen mich froh; sie sind meine Berater" (Ps. 119,24).

DIE GABE DES SCHLAFES

„Ich lege mich nieder und schlafe ein, ich wache wieder auf,
denn der Herr beschützt mich.
Viele Tausende von Kriegern fürchte ich nicht,
wenn sie mich ringsum belagern." Ps. 3,6-7

„In Frieden leg' ich mich nieder und schlafe ein;
denn du allein, Herr, lässt mich sorglos ruhen." Ps. 4,9

„... sicherlich gönnt er seinen Geliebten den Schlaf!"
Ps. 127,2 (SchÜ)

Eine der schönen Offenbarungen der Schrift ist die, dass der Schlaf eine Gabe Gottes für seine Geliebten ist. David befand sich unter gewaltigem Druck und war von allen Seiten von Feinden umgeben, die sogar sein Leben bedrohten. Er spricht von „Tausenden von Kriegern", die ihn ringsum belagert hatten. Und doch kannte er in dieser Situation die Glückseligkeit eines ungestörten, friedvollen Schlafes.

Dafür nennt er zwei Gründe: „Denn der Herr beschützt mich“ und „Denn du allein, Herr, lässt mich sorglos ruhen.“ Seine Sicherheit gründete sich allein auf den Herrn – nicht auf Umstände, auf materielle Vorkehrungen oder auf zerbrechliche Versprechungen von Menschen, sondern auf die ewigen, unwandelbaren Verheißungen des Wortes Gottes.

Jede Nacht vertraute er sich dem Herrn an. Er legte sich nieder mit Zuversicht in dem Herrn. Er wusste, dass seine Seele in der Obhut des Herrn sicher war. Er konnte schlafen, und er konnte wieder aufwachen ohne Angst, ohne Furcht, ohne die Qual der Schlaflosigkeit.

Es gibt heutzutage viele, die diese gesegnete Gewissheit nicht haben. Wenn es Nacht wird, sind sie bedrängt, verwirrt, furchtsam. Die Gedanken und Sorgen des Tages verfolgen sie bis in die Nacht. Wenn Sie zu diesen Menschen gehören, dann lernen Sie eine Lektion von David. Erkennen Sie, dass Gott selbst die allein ausreichende Quelle Ihrer Sicherheit und Ihres Friedens ist. Dann nehmen Sie in einfachem Glauben seine Liebesgabe an – den Schlaf!

MEINE ANTWORT IM GLAUBEN
Herr, ich glaube, dass du mich liebst und dass du auch mir deine segensreiche Gabe des Schlafes schenkst.

DIE QUELLE DER FREUDE

„Viele sagen: ‚Wer lässt uns Gutes erleben?‘
Herr, lass dein Angesicht über uns leuchten!
Du legst mir größere Freude ins Herz,
als andere haben bei Korn und Wein in Fülle“. Ps. 4,7-8

Wie sehr trifft dies auf unsere gegenwärtige Situation zu! Viele Leute fragen tatsächlich: „Wer lässt uns Gutes erleben?“ Eine gewisse Enttäuschung ist spürbar – ein durchdringendes Gefühl von Pessimismus. Dies trifft besonders im Bereich der Politik zu. Dort mangelt es an Vertrauen in die politische Leiterschaft – die Folge einer qualvollen Serie von nicht bewältigten Krisen, in die wir in den letzten Jahrzehnten geraten sind.

Dennoch gibt es eine Antwort auf die Frage: „Wer lässt uns Gutes erleben?“ Diese Antwort ist auch heute noch gültig. David selbst gibt sie uns, wenn er weiter sagt: „Herr, lass dein Angesicht über uns leuchten!“ Das wahrhaft Gute hat nur eine Quelle. Es kommt von dem Herrn. Wenn er das Licht seines Angesichtes über uns leuchten lässt, vertreibt dieses Licht das Dunkel der Ungewissheit, der Unsicherheit und des Pessimismus.

Statt dessen werden wir mit Freude erfüllt – „größere Freude, als andere haben bei Korn und Wein in Fülle“. Für diejenigen, deren Ausblick auf den materiellen Bereich begrenzt ist, müssen Zufriedenheit und Sicherheit an materiellem Überfluss gemessen werden. Aber für diejenigen, die gelernt haben, im Glauben zu Gott zu blicken, gibt es eine andere, unerschöpfliche und gleichmäßig sprudelnde Quelle. Die Zufriedenheit, die sie anbietet, übersteigt alles andere, was wir durch bloße materielle Fülle erhalten könnten.

„Jede gute Gabe und jedes vollkommene Geschenk kommt von oben herab, von dem Vater der Lichter, bei dem keine Veränderung ist noch eines Wechsels Schatten“ (Jak. 1,17/rev. ElbÜ).

Meine Antwort im Glauben

Lass das Licht deines Angesichtes über mir leuchten, Herr, damit ich die Fülle deiner Versorgung sehen und mich daran erfreuen kann.

DEN TAG MIT GOTT BEGINNEN

„Herr, am Morgen hörst du mein Rufen,
am Morgen rüst' ich das Opfer zu,
halte Ausschau nach dir." Ps. 5,4

Wie fängt Ihr Tag an? Beginnen Sie in Kampf und Nervosität und versuchen Sie, drei verschiedene Dinge auf einmal zu tun? Fehlt Ihnen oft der Atem und die Gemütsruhe? Haben Sie keine Geduld mit Ihrer Ehefrau oder Ihrem Ehemann, schelten Sie die Kinder und sind ängstlich oder unfähig, mit Schwierigkeiten fertig zu werden? Gehen Sie unvorbereitet und schlecht ausgerüstet in den Tag, ganz und gar nicht zuversichtlich in Bezug auf das, was vor Ihnen liegt?

Der Grund dafür ist einfach: Sie beginnen Ihren Tag nicht richtig. Lernen Sie eine Lektion von David: „Herr, am Morgen hörst du mein Rufen." Als erstes erhob David jeden Morgen seine Stimme zu dem Herrn. Seine ersten Worte am Tag waren an Gott gerichtet, nicht an einen Menschen.

Er fährt fort: „Am Morgen rüst' ich das Opfer zu, halte Ausschau nach dir." Was für eine weise Art, den Tag zu beginnen! Erheben Sie Ihre Stimme im Gebet zu Gott. Legen Sie Ihre Bitten vor ihn. Breiten Sie die Dinge vor ihm aus, die Sie an diesem Tag zu tun haben. Vertrauen Sie ihm Ihre Probleme und Schwierigkeiten an, die Sie erwarten. Unterordnen Sie ihm Ihre Entscheidungen. Genau wie David werden Sie dann fähig sein, nach ihm Ausschau zu halten. Sie werden vollständig ausgerüstet in diesen Tag gehen und die Antworten auf die Gebete zuversichtlich erwarten, die Sie an diesem Morgen vor Gott gelegt haben.

Ein griechisches Sprichwort besagt: „Der Anfang ist schon die Hälfte vom Ganzen." Sicherlich trifft das darauf zu. Wie gut jeder Tag verläuft, wie wir unseren Tag beginnen, entscheidet beinahe über alles, was danach kommt. Selten wird das Ende des Tages gesegneter sein als sein Anfang. Darum beginnen Sie jeden Tag damit, Gott Ihre Stimme hören zu lassen.

MEINE ANTWORT IM GLAUBEN

Hilf mir, Herr, jeden Tag in der richtigen Weise zu beginnen, indem ich dich meine Stimme hören lasse und meine Bitten vor dich lege.

WAHRE SICHERHEIT

„Denn du, Herr, segnest den Gerechten.
Wie mit einem Schild deckst du ihn
mit deiner Gnade." Ps. 5,13

David war sich einer Sache sicher: Gott segnet den Gerechten. Wir brauchen dessen nicht weniger sicher zu sein. Viele Quellen, von denen wir Sicherheit und Gewissheit erwartet hatten, sind heutzutage versiegt. Politische und finanzielle Institutionen, denen man vertraute, brechen um uns herum zusammen. Aber eine Sache im Leben ist immer noch sicher: Gott segnet den Gerechten.

Diese einfache, unwandelbare Tatsache enthält wichtige praktische Konsequenzen für unseren Lebensstil. Auf der einen Seite brauchen wir weniger Zeit und Mühe für die Gewährleistung der materiellen Sicherheit aufzuwenden. Auf der anderen Seite muss es mehr unser Anliegen sein, uns zu versichern, dass unser Leben vor Gott in Ordnung ist und dass wir uns für den Segen des Herrn qualifizieren, den er für den Gerechten – und nur für den Gerechten – aufbewahrt.

Der Segen des Herrn zieht gleichzeitig den Schutz Gottes nach sich. David sagt: „Wie mit einem Schild deckst du ihn (den Gerechten) mit deiner Gnade." Gottes Gnade gilt dem Gerechten. Wenn wir in seiner Gerechtigkeit leben, umgibt uns seine Gnade wie ein Schild von allen Seiten. Sie schützt uns vor den Schlägen und dem Druck des Lebens. Sie stellt sich zwischen uns und die Mächte des Bösen, die uns zu zerstören suchen – Mächte, die zu kräftig und zu listig sind, als dass wir mit ihnen in unserer eigenen Stärke oder Weisheit fertig werden können. Gegenüber diesen Mächten haben wir keinen anderen Schutz als das unsichtbare, aber unbesiegbare Schild der Gnade des Herrn.

Im Lichte dieser unwandelbaren Gesetze, die unser Leben beherrschen, müssen wir unsere Prioritäten neu überprüfen. Gerechtigkeit schüttet bessere – und dauerhaftere – Dividenden aus als Klugheit, Zweckmäßigkeit oder Selbstinteresse.

„Euch aber muss es zuerst um sein Reich und um seine Gerechtigkeit gehen; dann wird euch alles andere dazugegeben" (Matth. 6,33).

MEINE ANTWORT IM GLAUBEN
Hilf mir, Herr, dass es mir mehr um Gerechtigkeit geht als um Erfolg oder Zweckmäßigkeit.

DURCH LOBPREIS DIE OBERHAND GEWINNEN

„Aus dem Mund der Kinder und Säuglinge schaffst du dir Lob, deinen Gegnern zum Trotz; deine Feinde und Widersacher müssen verstummen." Ps. 8,3

In dem Buch der Psalmen erwähnt David ständig seine Feinde. Wenige Menschen hatten mehr Feinde als David. Beharrlich verfolgten und umgaben sie ihn, weil sie ihn vernichten wollten. Er überlebte nur deshalb, weil er das Geheimnis des richtigen Umgangs mit seinen Feinden gelernt hatte. Er begegnete ihnen nicht in seiner eigenen Kraft oder Weisheit. Vielmehr rief er die Gegenwart und Kraft Gottes gegen sie an.

Hauptsächlich tat er das im Lobpreis. Dies war die von Gott selbst festgesetzte Weise, denn David sagt: „Aus dem Mund der Kinder und Säuglinge schaffst du dir Lob ..., deine Feinde und Widersacher müssen verstummen." Im natürlichen Bereich sind Kinder und Säuglinge die Schwächsten von allen. Aber wenn der Lobpreis sogar von den Schwächsten kommt, müssen so die Feinde und Widersacher verstummen.

Die Bibel offenbart, dass auch wir, wie David, von Feinden umgeben sind, obwohl sich unsere Feinde in erster Linie in der unsichtbaren, geistlichen Welt befinden. Das Oberhaupt dieser Feinde ist „der Feind und Widersacher" – Satan selbst. Er ist der Ankläger der Brüder; derjenige, der uns falsch darstellt und alles, was wir tun, falsch interpretiert und der uns sogar vor dem Thron Gottes anzuklagen versucht.

Wie können wir ihn verstummen lassen? David hat uns den Weg gezeigt: durch Lobpreis. Wenn unser Lobpreis zu Gott aufsteigt, lässt er Satan verstummen. Lobpreis durchkreuzt seine Anklagen und stopft seinen Mund. Lobpreis befreit uns, unser Leben ohne die ständige Verdammung durch die Anklagen des Feindes zu leben. Im Lobpreis rufen wir die Gegenwart und Kraft unseres Gottes gegen alle Mächte an, die uns bekämpfen.

MEINE ANTWORT IM GLAUBEN
Gemeinsam mit meinen Gebeten, Herr, gebe ich dir meinen Lobpreis und glaube, dass ich mit beiden die Oberhand über alle Widerstände Satans gewinnen werde.

MITTEN AUF DER BÜHNE

„Wenn ich deinen Himmel betrachte, das Werk deiner Finger, den Mond und die Sterne, die du gemacht hast: Was ist der Mensch, dass du seiner gedenkst, und des Menschen Sohn, dass du auf ihn achtest?" Ps. 8,4-5 (SchÜ)

Wenn wir in die ungeheure Weite des Himmels aufschauen und die Millionen von Galaxien betrachten, erscheint unser Erdball nur wie ein winziges Staubkörnchen in der Gesamtheit des Universums. Gegenüber dieser ungeheuren Größe fühlen wir uns klein und unbedeutend, schwach und hilflos.

Und dennoch, so versichert uns David, ist Gott an uns interessiert. Er achtet auf uns. In der Tat, wir sind das Objekt seiner besonderen Aufmerksamkeit. Gott sieht nicht nur auf Zahlen oder Ausmaße. Er hat einen anderen Wertmaßstab, nach dem – wie Jesus selbst uns gesagt hat – eine menschliche Seele mehr wert ist als das gesamte Universum.

Oft haben wir gemeint, unsere Erde sei das Zentrum des Universums. Mit ziemlicher Sicherheit trifft das nicht zu. Und doch hat sie, historisch gesehen, eine weit wichtigere Bedeutung gehabt – als Bühne, auf der die größten Dramen des Universums aufgeführt wurden; und die Aufführungen dauern noch an.

Auf dieser „Erdenbühne“ und in der Stadt Jerusalem wurde das Drama der Erlösung vor 2000 Jahren dargeboten. Gott demonstrierte dem Universum den Wert, den er den menschlichen Seelen beimisst. Er opferte für unsere Erlösung das Kostbarste, was es im Universum gab – das Herzblut seines eigenen Sohnes. Darum schreibt Paulus zutreffend: „Wir sind zum Schauspiel geworden für die Welt ...“ (1. Kor. 4,9). Das hier mit *Schauspiel* übersetzte griechische Wort heißt eigentlich „Theater“. In uns selbst sind wir vielleicht schwach und unwürdig; in den souveränen Plänen Gottes jedoch nehmen wir unseren Platz mitten auf der Bühne des Universums ein.

MEINE ANTWORT IM GLAUBEN

Danke, Herr, dass du dich mehr um uns, deine Kinder, kümmerst als um das gesamte Universum, das uns umgibt.

DER ZUFLUCHTSORT

„Beim HERRN finde ich Zuflucht. Wie könnt ihr mir sagen: ‚In die Berge flieh wie ein Vogel‘?“ Ps. 11,1

Was ist Ihr Zufluchtsort? Sind Sie beunruhigt, wenn Menschen Sie herausfordern oder wenn Sie um sich herum den Aufruhr und die Instabilität der Welt sehen, in der wir leben? Jesus warnte uns, dass wir von „Kriegen und Unruhen" hören werden, während sich dieses Zeitalter seinem Ende nähert. Er sagte auch: „Die Menschen werden vor Angst vergehen in der Erwartung der Dinge, die über die Erde kommen" (Luk. 21,9,26).

All das lehrt uns, dass wir einen Zufluchtsort brauchen. In allen Wohnorten im modernen Israel, von den größten Städten bis hin zu den kleinsten Dörfern und Siedlungen, findet man ein allgemein bekanntes Zeichen in roter und schwarzer Farbe auf den Wänden der Gebäude: *Zum Schutzraum*. Eine Reihe von Kriegen und Kriegsdrohungen hat dem Volk Israel eine lebenswichtige Lektion beigebracht: *Jedermann braucht einen Schutzraum als Zufluchtsort.*

David sagte: „Beim Herrn finde ich Zuflucht." Er hatte einen Zufluchtsort, und er kannte ihn. Er ließ sich nicht durch die Gefahren einschüchtern, denen er begegnete. Stattdessen forderte er diejenigen heraus, die bezweifelten, dass eine solche Zuflucht genüge. Er fragte sie: „Wie könnt ihr mir sagen: ‚In die Berge flieh wie ein Vogel'?"

Für diese Menschen war der „Berg" das sichtbare Zeichen der Stärke und der Stabilität. Es erschien ihnen lächerlich und unnütz, Zuflucht in etwas Unsichtbarem und Geistlichen zu suchen, in etwas, das sie nicht mit ihren physischen Sinnen wahrnehmen konnten. Heutzutage haben viele Menschen die gleiche Anschauung. Ihre Sicherheit suchen sie nur in der materiellen Welt und in menschlichen Ressourcen. Doch Gott selbst warnt uns: „Die Berge mögen weichen und die Hügel wanken, aber meine Gnade wird nicht von dir weichen ..." (Jes. 54,10, SchÜ).

Welchen Zufluchtsort haben Sie?

Meine Antwort im Glauben

Ich werde zu dem Herrn sagen: „Du bist für mich Zuflucht und Burg, mein Gott, dem ich vertraue" (Ps. 91,2).

IM SCHMELZOFEN GELÄUTERT

„Die Worte des HERRN sind lautere Worte, Silber, geschmolzen im Ofen, von Schlacken geschieden, geläutert siebenfach." Ps. 12,7

Dies sind die Worte, die wir in der Schrift finden. Sie sind lauter – ohne Irrtum –, vollständig und absolut vertrauenswürdig. Vielleicht wundern Sie sich über diese Aussage, weil Sie wissen, dass diese Worte durch menschliche Kanäle zu uns gekommen sind, durch Männer, die schwach und fehlbar waren und die selbst viele Fehler begingen. (Tatsächlich wurden ihre Fehler oft in der Schrift aufgezeichnet.) Wie kommt es dann, dass die Botschaft der Bibel absolut unfehlbar und autoritativ ist?

Um diese Frage zu beantworten, zeigt David uns ein lebhaftes Bild – ein Bild von Silber, das in einem Lehmofen geläutert wird. (Solche Lehmöfen werden heutzutage immer noch von den Völkern des Nahen Ostens benutzt.) In dem Bild Davids finden wir drei Hauptelemente: den Schmelzofen aus Lehm; das Silber, das geläutert werden soll, und das läuternde Feuer.

Der Schmelzofen aus Lehm stellt die menschlichen Werkzeuge dar, durch die die Botschaft der Schrift gebracht wird. Das Silber repräsentiert die eigentliche Botschaft. Das läuternde Feuer bedeutet das Werk des Heiligen Geistes. Das Silber wird „siebenfach" geläutert. In der Schrift wird die Zahl sieben besonders mit dem Heiligen Geist in Verbindung gebracht. Johannes sah z. B. in seiner Vision auf Patmos den Heiligen Geist wie „sieben lodernde Fackeln" (Offb. 4,5). Zum Zweiten deutet die Zahl sieben Vollständigkeit oder Vollkommenheit an.

Während die Worte der Schrift durch den Schmelzofen des menschlichen Lehms zu uns gekommen sind, wurden sie vollständig durch das Feuer des Heiligen Geistes geläutert. Die „Schlacke" des menschlichen Irrtums wurde vollkommen ausgeschieden. Aus diesem Grunde sind sie lauter.

„Denn niemals wurde eine Weissagung ausgesprochen, weil ein Mensch es wollte, sondern vom Heiligen Geist getrieben haben Menschen im Auftrag Gottes geredet“ (2. Petr. 1,21).

MEINE ANTWORT IM GLAUBEN
Die Weisung deines Mundes ist mir lieb, mehr als große Mengen von Gold und Silber.

DER WUNDERBARE RATGEBER

„Ich preise den HERRN, der mich beraten hat.
Auch mahnt mich mein Herz in der Nacht.“ Ps. 16,7

Ich kann diese Worte Davids wiederholen. Ich weiß, was es bedeutet, Zugang zu dem Ratschluss des Herrn zu haben, und ich schätze ihn mehr als alle menschliche Weisheit. In meiner eigenen Erfahrung habe ich oft erlebt, dass der Ratschluss des Herrn zuverlässig ist. Im Verlaufe der Entfaltung der Schrift beschreibt Jesaja den Herrn als einen wunderbaren Ratgeber (Jes. 9,5). Das dort mit *wunderbar* übersetzte Wort beinhaltet in sich immer ein übernatürliches Element. Der Ratschluss des Herrn liegt auf einer höheren Ebene als menschliche Weisheit, menschliche Einsicht und menschliches Wissen. Ich bin so dankbar, Zugang zu seinem Ratschluss zu haben!

Ich kann ebenfalls die folgenden Worte nachsprechen: „Auch mahnt mich mein Herz in der Nacht.“ Oft, wenn ich ein ungelöstes Problem habe, vertraue ich es einfach dem Herrn an und gehe zu Bett, ohne weiter damit zu ringen. Dann, während der Stille der Nacht, weckt mich der Herr. In den innersten Tiefen meines Herzens spricht er mit jener leisen, feinen Stimme zu mir und zeigt mir die Antwort auf mein Problem.

Wie gut ist es zu wissen, dass Sie Zugang zu dem Ratschluss des Herrn haben. Wenn Sie mit Ihrer eigenen Kraft am Ende sind, wenn Sie alles durchdacht haben und alles immer noch keinen Sinn ergibt, wenn Sie sich selbst an einem toten Punkt in Ihrem Leben befinden und Sie den Weg nicht wissen, den Sie gehen sollen, dann erinnern Sie sich daran, dass der Herr der wunderbare Ratgeber ist! Gehen Sie zu ihm! Vertrauen Sie ihm Ihre Probleme an! Öffnen Sie ihm Ihr Herz – denn er spricht zum Herzen, nicht zum Kopf. Auf seine eigene wunderbare Weise wird er Ihnen die Antwort zeigen.

MEINE ANTWORT IM GLAUBEN
Du leitest mich nach deinem Ratschluss und nimmst mich am Ende auf in Herrlichkeit (Ps. 73,24).

GEKLEIDET IN GERECHTIGKEIT

„Ich aber will in Gerechtigkeit
dein Angesicht schauen,
mich satt sehen an deiner Gestalt,
wenn ich erwache.“ Ps. 17,15

Was für wunderschöne Worte! Welche wunderbare Erwartung! Dies ist die Erwartung eines jeden wahrhaft Gläubigen – eine Erwartung, die das Ende der Zeit überdauert und in die Ewigkeit hineinreicht. Wir werden im Tod entschlafen, aber eines Tages werden wir erwachen. Und wenn wir erwachen, werden wir uns satt sehen an der Gestalt des Herrn und feststellen, dass wir ihm ähnlich geworden sind. Wir werden uns selbst bekleidet sehen mit seiner Gerechtigkeit. Wir werden ihm ähnlich sein. Wir werden sein Angesicht schauen.

Dieser Ausdruck *sich satt sehen* erzeugt einen Klang in den Tiefen meines Wesens. Ich wiederhole es gerne für mich selbst. „Ich werde gesättigt werden – mich satt sehen – vollkommen gesättigt werden!“ Dafür bin ich bereit zu arbeiten und zu warten – und wenn nötig, auch zu leiden.

Ich glaube, dass es neben Gott selbst nichts anderes gibt, was das menschliche Herz vollkommen sättigen kann. Als Gläubige haben wir schon jetzt in diesem Leben eine Beziehung zu Gott; wir kennen ihn, wir dienen ihm, wir erfüllen seinen Willen. Aber es gibt Lücken in der Offenbarung. Ein Schleier hängt zwischen uns. Wir sind noch immer Geschöpfe aus Fleisch und Blut. Unsere Vorstellungen sind oft so begrenzt und so unzulänglich, um Gott zu verstehen.

Aber es kommt ein Tag, an dem wir erwachen und in seiner, nicht in unserer Gerechtigkeit gekleidet sein werden, um tadellos vor seinem Thron zu stehen und ihn von Angesicht zu Angesicht zu sehen. Und dann werden wir gesättigt werden! Nichts sonst kann diesen Platz ausfüllen. Das ist das Endziel allen Lebens. Alles hat sein Ziel in Gott selbst.

„Dem einen Gott aber, der die Macht hat, euch vor jedem Fehltritt zu bewahren und euch untadelig und voll Freude vor seine Herrlichkeit treten zu lassen, ihm, der uns durch Jesus Christus, unseren Herrn, rettet, gebührt die Herrlichkeit, Hoheit, Macht und Gewalt vor aller Zeit und jetzt und für alle Zeiten. Amen" (Judas 24-25).

MEINE ANTWORT IM GLAUBEN
Herr, ich entsage jeder irdischen Befriedigung, die mich der Sättigung berauben würde, wenn ich dein Angesicht in Gerechtigkeit sehen werde.

OFFENHEIT VOR GOTT

„Gegen den Treuen zeigst du dich treu,
an dem Aufrichtigen handelst du recht.
Gegen den Reinen erzeigst du dich rein,
aber den Hinterlistigen überlistest du!"

Ps. 18,26-27 (Vers 27 SchÜ)

David zeigt uns hier ein tiefgründiges, dauerhaftes Prinzip, wie Gott mit uns umgeht: Die Art unserer Beziehung zu Gott bestimmt die Art der Beziehung Gottes zu uns. David schildert vier Charaktereigenschaften: treu, aufrichtig, rein und hinterlistig. Welche dieser Eigenschaften auch immer in unserer Beziehung zu Gott zu finden sind, Gott reagiert auf uns mit einem entsprechenden Aspekt seines Wesens.

Wollen wir Gottes Treue erproben? Der Weg dahin besteht darin, Treue zu Gott zu pflegen. Wenn wir treu zu ihm sind, dann wird er um so treuer zu uns sein. Die Schrift und die Erfahrung bestätigen gleichermaßen: Gott ist treu. Er belohnt jedes Handeln in aufrichtigem Glauben – egal, wie klein oder gering es sein mag. Auf dieser Grundlage des Glaubens – oder der Treue – müssen wir in uns zwei weitere Charakterzüge entwickeln, die David erwähnt: Aufrichtigkeit und Reinheit. Alternative Übersetzungen für *aufrichtig* sind: „vollkommen" oder „vollständig" oder „ehrlich". Aufrichtig und rein in unserer Beziehung zu Gott zu sein bedeutet, dass wir nichts vor ihm verheimlichen, ihm nichts vorenthalten und allem entsagen, was ihm missfällt oder ihn verletzt. Das Maß, in dem wir uns selbst für Gott öffnen, bestimmt das Maß der Fülle Gottes, die er uns im Gegenzug zur Verfügung stellt. Wenn es auf unserer Seite keine Einschränkungen gibt, dann wird es auf Gottes Seite auch keine geben.

Aber dann lesen wir noch dieses letzte Wort der Warnung: „Den Hinterlistigen überlistest du!" Ich habe Menschen getroffen, die überzeugt waren, dass sie Gott irgendwie zum Partner ihrer eigenen verkehrten Pläne machen könnten. Dieses wird ihnen niemals gelingen! Gott beweist, dass er selbst viel listiger sein kann als sie. „Täuschet euch nicht: Gott lässt keinen Spott mit sich treiben; was der Mensch sät, wird er ernten" (Gal. 6,7).

Meine Antwort im Glauben

Ich will mein Herz und Leben in dem gleichen Maße für Gott öffnen, wie ich von ihm empfangen möchte.

GOTT LEBT

„Es lebt der Herr! Mein Fels sei gepriesen.
Der Gott meines Heils sei hoch erhoben.“ Ps. 18,47

Manchmal drücken die kürzesten Sätze die wichtigsten Tatsachen aus. „Es lebt der Herr!“ Gott ist lebendig! Diese einfache Aussage ist bedeutsamer als alle komplizierten Formulierungen in allen theologischen Büchern, die je geschrieben wurden.

Zu einem bestimmten Zeitpunkt sah sich Martin Luther einem solch überwältigenden, sowohl menschlichen als auch satanischen Widerstand gegenüber, dass er anfing, sein Vertrauen zu Gott und in sich selbst zu verlieren und der Verzweiflung nachzugeben. Eines Tages erschien seine Frau Käthe am Frühstückstisch und trug das traditionelle schwarze Trauergewand.

„Warum trägst du heute Trauerkleidung?“, fragte Luther.

„Weil Gott tot ist“, antwortete sie.

„Das ist Unsinn, Frau“, sagte Luther, „Gott ist nicht tot.“

„Nun, wenn Gott nicht tot ist“, erwiderte Käthe, „warum handelst du dann so, als ob er nicht mehr lebte?“

Käthes Tadel half Luther, die richtige geistliche Blickrichtung wiederzugewinnen und damit auch sein Vertrauen zu Gott und in sich selbst. Er erkannte, dass, solange Gott lebt, keine Situation hoffnungslos und kein Problem unlösbar ist.

Erst kürzlich drückte jemand den gleichen Gedanken in mathematischen Begriffen aus. Einer plus Gott ist immer in der Mehrzahl.

Vor einiger Zeit gab es eine theologische Schule, die durch den Slogan bekannt wurde: *Gott ist tot.* Die Geschichte hat sie eines Besseren belehrt. Heute ist diese theologische Schule tot. Viele der Theologen, die für sie eingetreten waren, sind vermutlich ebenfalls tot. Aber Gott lebt weiterhin.

Weil Gott lebt, ist er sowohl unser Fels wie auch unser Heil. Als Fels ist er unwandelbar und uneinnehmbar. Als Urheber unseres Heils bietet er uns Vergebung und ewige Sicherheit an.

MEINE ANTWORT IM GLAUBEN
Solange Gott lebt, werde auch ich leben, denn Gott ist mein Leben.

EIN KÖNIGLICHER THRON

„Aber du bist heilig,
du thronst über dem Lobpreis Israels." Ps. 22,4

Hier erhalten wir einen Einblick, der unsere Einstellung zum Gebet und zur Anbetung revolutionieren kann: *Der Thron, auf dem Gott sitzt, besteht aus dem Lobpreis seines Volkes.* Im Himmel besitzt Gott einen Thron, der für immer errichtet worden ist. Aber wenn er seinen himmlischen Thron verlässt, um sein Volk auf Erden zu besuchen, bildet unser Lobpreis seinen Thron. Gott ist in Ewigkeit König, ob wir ihn preisen oder nicht. Wir ernennen ihn nicht zum König, indem wir ihn preisen. Aber wir bieten ihm den Thron an, der ihm gebührt.

Jesus verhieß seinen Jüngern: „Wo zwei oder drei in meinem Namen versammelt sind, da bin ich mitten unter ihnen" (Matth. 18,20). Seine Gegenwart in unserer Mitte ist damit gewährleistet. Sie ist abhängig von seiner Treue und nicht von unserer Reaktion. Aber wenn er in unsere Mitte kommt als König der Könige und Herr aller Herren, dann ist es richtig und angemessen, dass wir ihn als König feierlich empfangen. Als König verdient er einen Thron. Nichts weniger ist seiner würdig. Es ist unser Privileg, ihm den Thron anzubieten. Wenn wir ihn preisen und erhöhen, wenn wir seinen Namen verherrlichen und seine Majestät erheben, dann anerkennen wir seine Königswürde. Wir empfangen ihn so in der richtigen Weise. Wir bieten ihm den Thron an, der ihm gebührt.

Der feierliche Empfang im Lobpreis ist nicht nur für den Einen, den wir anbeten, angemessen. Er wird ebenfalls unsere Haltung verändern und unseren Glauben erweitern. Je mehr wir ihn preisen, desto klarer werden wir seine königliche Weisheit und Kraft verstehen. Dann bedarf es keiner Anstrengung, im Glauben für die Beantwortung unserer Gebete einzutreten. Es wird ganz natürlich zu glauben, dass dieser herrliche König sowohl willig als auch fähig ist, das zu tun, worum wir ihn bitten.

Meine Antwort im Glauben
Hilf mir, Herr, dass ich niemals darin versage, dir den Thron des Lobpreises anzubieten, der dir gebührt.

EINE EINZIGARTIGE BEZIEHUNG

„Der Herr ist mein Hirte, nichts wird mir fehlen." Ps. 23,1

Niemals habe ich diese vertrauten Worte gelesen, ohne dass ich mich gewundert habe. Die Vertrautheit aber hat deren Eindruck nie verblassen lassen. Was für eine gewaltige Zuversicht hatte David! Welche absolute Sicherheit! „Nichts wird mir fehlen."

Nie wird eine Not in meinem Leben entstehen, für die ich keine Versorgung hätte, gleichgültig, welcher Art die Not auch sei. Ob sie geistlicher, physischer oder finanzieller Natur sein mag, die Versorgung ist gewährleistet. „Nichts wird mir fehlen!"

Wenn David zu dieser Aussage irgendetwas hinzugefügt hätte, wäre sie unbrauchbar geworden. Wenn er gesagt hätte: „Mir wird es nicht an Geld fehlen oder an Nahrung oder an Gesundheit oder an Kleidung" – oder was auch immer –, dann hätte er dieser Aussage Grenzen gesetzt. Aber er ließ sie unbegrenzt offen. „Nichts wird mir fehlen" – Punkt!

Was war das Geheimnis der Gewissheit Davids? Ist es für Sie und mich möglich, diese Gewissheit zu teilen? Davids Geheimnis ist sehr einfach und sehr klar: „Der Herr ist mein Hirte." Das war die einzige, ausreichende Grundlage für Davids Gewissheit.

Das ist keine lehrmäßige Aussage, sondern die einer Beziehung – einer engen, persönlichen Beziehung mit dem Herrn.

Die Aussage steht in der Gegenwartsform – „Der Herr *ist* mein Hirte" – und nicht „war" oder „wird sein". David schaut nicht zurück in die Vergangenheit oder voraus in die Zukunft. Er richtet seinen Blick auf die unmittelbare Gegenwart. Hier und jetzt – gerade in diesem Moment – *ist* der Herr mein Hirte. Daran sind nur zwei Personen beteiligt – der Herr und David.

Auf der Grundlage einer solchen Beziehung kann jeder von uns die gleiche Gewissheit haben. Hier und jetzt bin ich mit dem Herrn als meinem Hirten verbunden. Aus dieser Beziehung heraus erlebe ich totale Sicherheit. Ich weiß, dass allen meinen Notlagen abgeholfen werden wird.

Meine Antwort im Glauben

Herr, ich bestätige, dass du wirklich mein Hirte bist, und ich danke dir für die Gewissheit, dass du mich in allen meinen Nöten versorgst.

DAS TAL DES TODESSCHATTENS

„Auch wenn ich wandere im Tal des Todesschattens,
fürchte ich kein Unheil, denn du bist bei mir;
dein Stecken und Stab, sie trösten mich."

Ps. 23,4 (rev. ElbÜ)

Alles, was David in diesem Psalm aufzählt, ist das Ergebnis der Feststellung gleich am Anfang: „Der Herr ist mein Hirte." Dies alles entspringt aus seiner direkten, persönlichen Beziehung zu dem Herrn als seinem Hirten.

Hier spricht David davon, was diese Beziehung für ihn bedeutet, wenn er durch das „Tal des Todesschattens" geht. Gott garantiert uns nicht, dass wir nie durch dieses Tal gehen werden. Tatsächlich legen Davids Worte nahe, dass es früher oder später so sein wird. Auch glaube ich nicht, dass „das Tal des Todesschattens" nur, oder in erster Linie, die Erfahrung des physischen Todes bedeutet, wenn unser Leben auf Erden zu Ende ist. An anderen Stellen der Schrift bezieht sich der Ausdruck *Schatten des Todes* auf Situationen in diesem gegenwärtigen Leben.

Ich glaube, dass es viele Gelegenheiten in diesem Leben geben kann, wo wir durch dieses Tal des Schattens wandern: schmerzliche Verluste durch Todesfälle, Einsamkeit, Krankheit, Verfolgung, Entmutigung. Der Herr verheißt uns nicht, dass wir nie durch ein solches Tal wandern werden. Aber er verheißt uns, mit uns zu sein. Er stellt uns insbesondere seinen Stecken und seinen Stab stets zur Verfügung. Der Stecken stellt die Disziplin, der Stab die Unterstützung und Hilfe dar. Es ist bedeutsam, dass der Stecken vor dem Stab genannt wird. Wenn wir Gottes Unterstützung und Hilfe haben wollen, müssen wir uns zuerst seiner Disziplin unterwerfen. Auf dieser Grundlage ist uns seine Gegenwart sogar im finstersten Tal verbürgt.

Meine Antwort im Glauben

Herr, ich nehme deinen Stecken und deinen Stab freudig an. Wenn ich durch dieses Tal gehe, weiß ich, dass ich nicht allein sein werde.

GOTTES FESTTAFEL

„Du deckst mir den Tisch
vor den Augen meiner Feinde.
Du salbst mein Haupt mit Öl,
du füllst mir reichlich den Becher.“ Ps. 23,5

Die Aussage dieses Verses entspringt, genau wie die der vorangegangenen Verse, der großartigen, fundamentalen Beziehung, die der erste Vers schildert: „Der Herr ist mein Hirte.“ Wenn diese Beziehung in unserem Leben einmal besteht, kann sie sich für uns in gleicher Weise auswirken wie für David auch.

Der hier zitierte fünfte Vers zeigt die Hauptaspekte der Versorgung Gottes für uns auf: einen gedeckten Tisch, die Salbung unseres Hauptes mit Öl, unser reichlich gefüllter Becher. Zuerst könnten wir auf den Gedanken kommen, dass hier eine Situation geschildert wird, in der alles nach unseren Vorstellungen und Wünschen verläuft und in der wir keine Probleme oder Widerstände erfahren. Aber es verhält sich genau umgekehrt! Diese reichliche Versorgung Gottes steht uns „vor den Augen unserer Feinde“ zur Verfügung. Es ist wichtig zu erkennen, dass die Gegenwart unserer Feinde uns nicht davon abhalten kann, uns an Gottes vollständiger Versorgung für uns zu erfreuen.

Im Gegenteil, gerade in einer solchen Situation gefällt es Gott besonders, seine Macht und seine Fülle zu beweisen. In der Gegenwart unserer Feinde deckt Gott für uns seine Festtafel. Dann sagt er zu unseren Feinden: „Dies ist meine Versorgung für meine Kinder. Sie werden sich vor euren Augen daran erfreuen, und ihr werdet nicht in der Lage sein, ihnen irgendwie zu schaden oder ihnen etwas wegzunehmen.“

Manchmal jedoch sind wir versucht, unsere Augen vom Herrn abzuwenden und sie auf unsere Feinde zu richten. Dann fangen wir an zu sagen: „Wenn meine Feinde nicht wären, wüsste ich, dass Gott mich segnen und für mich sorgen würde." Statt dessen sollte unsere Einstellung sein: „Gerade wegen meiner Feinde erwarte ich Gottes Bestes."

MEINE ANTWORT IM GLAUBEN

Ich werde mich nicht durch Furcht vor meinen Feinden davon abhalten lassen, Gottes Bestes zu genießen, wo immer er es auch für mich bereithält.

IN GOTTES SCHULE BIS ZUR ABSCHLUSSPRÜFUNG

„Wer ist der Mann, der Gott fürchtet?
Ihm zeigt er den Weg, den er wählen soll.
Die sind Vertraute des Herrn, die ihn fürchten ..." Ps. 25,12.14

Wenn Gott sich vornimmt, Menschen zu lehren, dann erwählt er seine Studenten nach Charakter – und nicht nach intellektueller Begabung, nach akademischen Abschlüssen oder nach sozialem Status. Er hält nach einer inneren Herzenshaltung zu ihm selbst Ausschau: nach ehrfurchtsvoller Unterordnung und Respekt.

Weiterhin legt Gott den Lehrplan fest. Er lehrt einen solchen Menschen „den Weg, den er wählen soll". Oft wird das nicht der Weg sein, den wir uns selbst erwählt hätten. Wir sind vielleicht solchen tiefgründig erscheinenden Themen wie Prophetie oder Offenbarung zugetan, Gottes Lehrplan dagegen mag demütige und wirklichkeitsnahe Themen vorsehen: Dienst, Opferbereitschaft, Treue.

Diejenigen, die sich Gottes Unterweisung unterordnen, erhalten eine wunderbare Belohnung: „Die sind Vertraute des Herrn, die ihn fürchten." In menschlichen Beziehungen teilen wir unsere Geheimnisse nur mit denen, die unser Vertrauen genießen. Wenn Gott uns seine Geheimnisse mitteilt, ist das gleichermaßen der Beweis dafür, dass wir uns sein Vertrauen verdient haben. Damit erhalten wir das Zeugnis unserer Abschlussprüfung.

Eine wunderschöne Illustration hierfür ist die Beziehung Jesu zu seinen Jüngern. Nachdem er sie drei Jahre lang unter strenger Disziplin erzogen hatte, sagte er ihnen: „Ich nenne euch nicht mehr Knechte; denn der Knecht weiß nicht, was sein Herr tut. Vielmehr habe ich euch Freunde genannt; denn ich habe euch alles mitgeteilt, was ich von meinem Vater gehört habe" (Joh. 15,15). Zuerst lernte Jesus selbst vom Vater durch vollkommene Unterordnung unter ihn. Danach gab er alles, was er vom Vater gelernt hatte, an diejenigen weiter, die sich ihm in gleicher Weise untergeordnet hatten.

Gott erwählt seine Studenten immer noch auf der gleichen Grundlage. Weder seine Anforderungen noch sein Lehrplan haben sich verändert.

MEINE ANTWORT IM GLAUBEN

Herr, ich möchte ein solcher Student sein, damit du mir zu deiner Zeit deine Geheimnisse mitteilen kannst.

WIE WIR GOTTES TEMPEL WERDEN KÖNNEN

„Und in seinem Tempel ruft ihm jedermann Ehre zu."

Ps. 29,9 (SchÜ)

„Wir gedenken, o Gott, deiner Gnade inmitten deines Tempels." Ps. 48,10 (SchÜ)

Was unterscheidet den Tempel Gottes von jedem anderen Ort im Universum? Es ist der Ort, wo es nur ein einziges Thema gibt: Gott und seine Ehre. In dem Tempel ruft jedermann: „Ehre". Nicht nur die lebenden Anbeter – die Engel, die Cherubim und Seraphinen –, sondern auch die Innenausstattung und das Bauwerk selbst stimmen ein in den Ausruf: „Ehre sei Gott!“ Zusammen bilden sie eine Einheit in der Anbetung.

Die Anbetung in Gottes Tempel ist jedoch nicht auf äußerliche, verbale Ausdrucksformen begrenzt. Sie wird gleichzeitig durch das innere, unausgesprochene Nachsinnen der Seele weitergeführt. Das Thema dieser inneren Meditation ist Gottes Liebe und seine Gnade. Das zugrunde liegende, wunderschöne, hebräische Wort kann auf vielfältige Weise übersetzt werden: Gnade, Güte, Freundlichkeit. Jedes dieser Worte vermittelt einen Teil der eigentlichen Bedeutung, aber sogar zusammen drücken sie nicht völlig das Ganze aus. Damit ergibt sich ein unerschöpfliches Thema für das Nachsinnen des wahren Anbeters.

Die beiden besonders deutlichen Merkmale des Tempels Gottes sind: verbale Anbetung, durch die seine Ehre verkündet wird, und ein inneres Nachsinnen über seine Liebe und Gnade. Wann immer wir diese Bedingungen erfüllen, wann immer unser ganzes Wesen ausruft: „Ehre sei Gott!“ und sich alle unsere Gedanken auf seine Gnade richten, dann werden wir zum Tempel Gottes. Das kann im Auto unterwegs, im Büro oder in der Küche zu Hause sein. Die Örtlichkeit ist nicht entscheidend.

Gerade dort, wo Sie jetzt sind, können Sie zum Tempel Gottes werden! Richten Sie Ihr Herz und Ihren Sinn auf seine Liebe und Gnade. Nun öffnen Sie Ihre Lippen und preisen Sie ihn. Vereinigen Sie Ihr ganzes Wesen zu einem einzigen Ausruf: „Ehre!“

Meine Antwort im Glauben

Herr, in den Tiefen meines Wesens sinne ich über deine Liebe und Gnade nach; mein Mund verkündet deine Ehre!

GOTT THRONT ÜBER DER FLUT

„Der Herr thront über der Flut,
der Herr thront als König in Ewigkeit.
Der Herr gebe Kraft seinem Volk.
Der Herr segne sein Volk mit Frieden.“ Ps. 29,10-11

David präsentiert uns hier den Herrn als einen mächtigen König auf seinem Thron. Wir sehen ihn, wie er über den unruhigen, tobenden Wassern der Flut auf dem Thron sitzt. Damit sind gewaltige Kräfte gemeint, die um uns herum entfesselt sind und unser eigenes Leben bedrohen, die wir aber nicht kontrollieren können. Diese tobenden Wasser versinnbildlichen ebenfalls die unruhigen, rebellischen Nationen dieser Welt, die unter der Herrschaft von bösen geistlichen Mächten stehen. In seiner Vision auf Patmos sah Johannes eine Hure an vielen Wassern sitzen.

Ihm wurde gesagt: „Du hast die Gewässer gesehen, an denen die Hure sitzt; sie bedeuten Völker und Menschenmassen, Nationen und Sprachen“ (Offb. 17,15). Auch diese sind uns als das Volk Gottes feindlich gesonnen.

Vor diesem Hintergrund der tobenden, feindlichen Kräfte erinnert uns David daran, dass es einen König gibt, der sie alle beherrscht. Es ist der Herr. Er erwartet, dass wir sein Königtum anerkennen und ihm den Lobpreis und die Ehre geben, die ihm gebühren. Wenn wir das tun, dann erwidert er unser Handeln zweifach: Er gibt uns seine Kraft, und er segnet uns mit seinem Frieden.

Die Stärke, die uns inmitten all dieser feindlichen Mächte aufrechterhalten wird, kommt nur von dem Herrn. Unsere eigene Stärke wird versagen, „die aber, die dem Herrn vertrauen, schöpfen neue Kraft“ (Jes. 40,31). Auch mitten im Druck wird der Herr sein Volk mit Frieden segnen. Frieden ist nicht von äußeren Umständen abhängig. Wir erlangen ihn, wenn wir anerkennen, dass der Herr über der Flut thront.

Meine Antwort im Glauben

Herr, ich erhebe meine Augen von der Flut hinweg zu dir, der du auf dem Thron sitzt, und ich empfange von dir alles, was ich brauche: Kraft und Frieden.

DER HILFERUF

„Herr, mein Gott, ich habe zu dir geschrien,
und du hast mich geheilt.“ Ps. 30,3

Die gründliche Einfachheit der Bibel ist etwas, das mich immer wieder beglückt. Die tiefgründigsten Aussagen sind in den einfachsten und kürzesten Worten enthalten. In dem hier zitierten Vers gibt es nur ein Wort, das aus mehr als einer Silbe besteht. Zehn Worte mit je einer Silbe und ein Wort mit zwei Silben – dennoch wird mit diesen einfachen Worten eine gewaltige Wahrheit ausgedrückt.

Durch die Bibel hindurch offenbart sich Gott selbst als der Heiler seines Volkes. Nach der Befreiung aus Ägypten sagte er feierlich zu Israel: „... ich bin der Herr, dein Arzt“ (2. Mos. 15,26). Zwölf Jahrhunderte später bestätigte er: „Ich, der HERR, habe mich nicht geändert“ (Mal. 3,6).

An die Christen im Neuen Testament schrieb Jakobus: „Ist jemand von euch krank, der lasse die Ältesten der Gemeinde zu sich rufen; und sie sollen über ihn beten und ihn dabei mit Öl salben im Namen des Herrn. Und das Gebet des Glaubens wird den Kranken retten, und der Herr wird ihn aufrichten“ (Jak. 5,14-15, SchÜ).

Ich bin Gott dankbar für Ärzte und Schwestern und für alle, die den Kranken und Schwachen helfen. Aber der eigentliche Heiler ist Gott selbst. Die Kanäle der Heilung mögen unterschiedlich sein; die Quelle aber ist immer die gleiche.

Vielleicht leiden Sie unter einer Krankheit, einer körperlichen Not, einer Last, von der Sie der Herr gerne befreien möchte. Haben Sie daran gedacht, den Herrn anzurufen? Betrachten Sie die Einfachheit dieser Worte: „Ich habe zu dir geschrien, und du hast mich geheilt." Manchmal übersehen wir das, was so einfach ist und so nahe liegt.

Warum befehlen Sie Gott nicht Ihre Lage an? Ich habe es oft getan, und er hat mich geheilt. Ich glaube, dass er das Gleiche für Sie tun wird.

MEINE ANTWORT IM GLAUBEN

Herr, du bist mein Schöpfer und mein Erlöser. So wie ich dir vertraue, meine Seele zu erretten, so vertraue ich dir auch, meinen Körper zu heilen.

DER HERR DER ZEIT

„Aber ich vertraue auf dich, o Herr;
ich habe gesagt: Du bist mein Gott!
In deiner Hand sind meine Zeiten ..." Ps. 31,15-16 (SchÜ)

Was für eine tiefgründige und gesegnete Offenbarung ist es, dass Gott die absolute Kontrolle über alle Zeiten in unserem Leben hat! Allein im Universum kontrolliert Gott die Zeit vollständig. Die Himmelskörper veranschaulichen dies wunderbar.

Unzählige Millionen von Sternen kreisen unaufhörlich mit absoluter Präzision. Sie stoßen niemals zusammen. Keiner von ihnen weicht jemals von der festgelegten Bahn oder von dem festgesetzten Zeitplan ab.

Dies alles ist nicht der Ausdruck eines geistlosen, mechanischen Prozesses. Im Gegenteil! Es offenbart Gottes persönliche Beteiligung an dem Universum, das er geschaffen hat. Er selbst benennt jeden einzelnen Stern und wacht über seine Bahn. Jesaja erinnert uns: „Er ist es, der ihr Heer täglich zählt und herauffführt, der sie alle beim Namen ruft. Vor dem Allgewaltigen und Mächtigen wagt keiner zu fehlen" (Jes. 40,26).

Genauso sorgfältig und vollkommen wie Gott die Bewegungen der Sterne kontrolliert, übt er auch die Kontrolle über den Lauf unseres Lebens aus. Insbesondere kontrolliert er das Element „Zeit" in unser aller Leben. Er sieht jede Situation im Voraus, noch bevor sie entsteht. Vielleicht sind wir auf manche plötzliche Krisen unvorbereitet – Gott ist es nie. In allem und durch alles verfolgt er beständig und ohne Eile seine eigenen Absichten mit uns.

Für mich persönlich ist die Zeit immer das Element im Leben gewesen, das ich am schwersten kontrollieren konnte – viel schwerer als z. B. das Geld. Die Lösung dafür, so habe ich gelernt, besteht darin, die volle Kontrolle über die Zeit an Gott zu übergeben – und mit David zu sagen: „In deiner Hand sind meine Zeiten." Zu Beginn eines jeden Tages bete ich besonders darum, dass ich den ganzen Tag über „immer zur richtigen Zeit am richtigen Platz sein kann". Von da an folgen die Ereignisse meines Tages genauso sicher dem Zeitplan Gottes wie auch die Sterne auf ihrer Bahn.

Meine Antwort im Glauben

Herr, im Vertrauen auf dich bitte ich dich, dass du die Zeiten in meinem Leben genauso sicher kontrollierst wie die Sterne am Himmel.

SEGENSREICHE VERGEBUNG

„Wohl dem, dessen Frevel vergeben und dessen Sünde bedeckt ist. Wohl dem Menschen, dem der Herr die Schuld nicht zur Last legt und dessen Herz keine Falschheit kennt." Ps. 32,1-2

Im hebräischen Grundtext stehen die ersten beiden Worte dieser Verse „wohl dem" im Plural. Man könnte sie auch so übersetzen: „Oh, welche Segnungen werden demjenigen zuteil ..." Alle diese vielfältigen „Segnungen" sind für jeden einzelnen von uns erhältlich. Niemand ist ausgeschlossen. Erkennen Sie den Grund? Weil es keinen von uns gibt, der nicht gesündigt hätte. Hierin liegt ein göttliches Paradox: Aufgrund der Tatsache, dass wir gesündigt haben, sind uns alle diese „Segnungen" zugänglich.

David sagt, dass Gott die Dinge für uns tun wird. Zuerst wird er unseren Frevel vergeben; er wird uns von Schuld befreien. Zweitens wird er unsere Sünde bedecken; er wird jede Sünde, die wir je begangen haben, aus den „Akten" tilgen. Drittens wird er uns die Schuld nicht zur Last legen; jede Schuld, die wir durch unsere Sünden auf uns geladen haben, wird uns erlassen werden. Wir werden die Freiheit haben, einen vollkommen neuen Anfang zu machen, als ob wir niemals eine einzige Sünde begangen hätten.

Im Gegenzug stellt Gott nur eine Bedingung auf – eine Bedingung, die der letzte Satz aufzeigt: „... dessen Herz keine Falschheit kennt." Gott verlangt Aufrichtigkeit, Ehrlichkeit, Offenheit. Wir dürfen nicht meinen, wir müssten noch ein religiöses Werk hinzufügen. Wir dürfen nicht versuchen, etwas zu verbergen oder zu entschuldigen. Wir anerkennen einfach und aufrichtig, dass wir gesündigt haben und Gottes Gericht verdienen. Aber wir wenden uns von unserer Sünde ab, wir bekennen sie – und Gott vergibt!

Pflegen wir die Gewohnheit, mit Gott ehrlich zu sein!

Meine Antwort im Glauben

Herr, ich öffne dir mein ganzes Herz und Leben. Ich verberge nichts; ich biete keine Entschuldigung an. Ich vertraue dir einfach, dass du mir vergibst.

DAS SCHÖPFERISCHE WORT

„Durch das Wort des Herrn wurden die Himmel geschaffen, ihr ganzes Heer durch den Hauch seines Mundes. Denn der Herr sprach, und sogleich geschah es; er gebot, und alles war da.“

Ps. 33,6,9

Seit Beginn der menschlichen Geschichte haben die Menschen ihren Gedanken über die Entstehung des Universums freien Lauf gelassen. Was war die „erste Ursache“? Wie ist alles entstanden? Endlose Theorien wurden (und werden immer noch) aufgestellt. Der Psalmist aber zeigt hier die wirkliche „erste Ursache“ auf: das Wort des Herrn und der Hauch (wörtl. *der Geist*) seines Mundes. Alles, was jemals geschaffen wurde, entstand, als der Herr das Wort sprach und sich der Hauch – oder der Geist – seines Mundes mit diesem Wort verband.

Eine lebhafte Anschauung davon finden wir in den ersten Versen von 1. Mose 1. Vers 2: „... und Gottes Geist schwebte über dem Wasser.“ Vers 3: „Gott sprach: Es werde Licht. Und es wurde Licht.“

In diesem Moment verband sich Gottes Wort mit seinem Geist. Durch ihre Verbindung entstand das, was Gott gesprochen hatte. Er sprach das Wort *Licht*, und das Licht selbst kam zustande. „Der Herr sprach, und sogleich geschah es; er gebot, und alles war da.“ Der Herr sprach das Universum in Existenz. Durch die Verbindung seines Wortes mit seinem Geist wurde die Schöpfung ins Leben gerufen. Darüber hinaus war sonst nichts nötig.

Welche unbegrenzten Möglichkeiten sind in dieser Offenbarung enthalten! Jedesmal, wenn wir unser Herz für Gottes Wort und seinen Geist öffnen und diese zusammenwirken lassen, wird die gleiche Kraft in uns freigesetzt, die das gesamte Universum entstehen ließ. Gottes Wort wird sich in unserem Leben genauso sicher schöpferisch erweisen, wie es das Licht entstehen ließ am ersten Tag der Schöpfung.

MEINE ANTWORT IM GLAUBEN

Danke, Herr, dass deine schöpferische Kraft in mir wirkt, während ich mich deinem Geist ausliefere und deinem Wort gehorche.

VON ANGST BEFREIT

„Ich suchte den Herrn, und er hat mich erhört,
er hat mich all meinen Ängsten entrissen.
Blickt auf zu ihm, so wird euer Gesicht leuchten,
und ihr braucht nicht zu erröten." Ps. 34,5-6

Das ist das Zeugnis einer persönlichen Erfahrung. Es ist keine Theorie. Es ist auch keine Theologie. Es ist noch nicht einmal ein Glaubensbekenntnis. Dies ist das Zeugnis eines Menschen in einer schwierigen und gefährlichen Situation. Er wandte sich an den Herrn. Er suchte den Herrn im Gebet, und sein Zeugnis lautet: „Der Herr hat mich erhört und mich all meinen Ängsten entrissen."

Sind Sie von Furcht niedergedrückt? Haben Sie wie die meisten Menschen in unserer heutigen Gesellschaft bestimmte Ängste, die an Ihnen nagen und Ihnen den Frieden rauben? Warum versuchen Sie nicht Davids Heilmittel? Suchen Sie den Herrn! Beten Sie zu ihm und bitten Sie ihn, Sie von all Ihren Ängsten zu befreien.

Bis hierhin hat David aus seiner eigenen Erfahrung heraus gesprochen. Nun trifft er eine allgemeinere Feststellung. Ich vermute, dass er Menschen beobachtet hat, die er kennt: „Blickt auf zu dem Herrn, so wird euer Gesicht leuchten ..."

David trifft hier auf ein wichtiges praktisches Prinzip: Unser Gesicht neigt dazu, das widerzuspiegeln, was wir anschauen. Der Herr ist die Quelle des Lichtes. Wenn wir auf ihn blicken, werden wir sein Licht reflektieren; wir werden wie die Menschen, die David beschreibt, „leuchten". Aber wenn wir unsere Aufmerksamkeit dunklen, trübsinnigen und entmutigenden Dingen zuwenden, dann werden wir auch einen entsprechenden Eindruck auf andere machen.

Die Lektion, die David lehrt, ist zweifach. Lassen Sie zuerst den Herrn Ihre Furcht und Ihren Trübsinn mit dem Lichte seines Angesichtes vertreiben! Dann werden Sie zu einem Scheinwerfer seines Lichtes für die Welt um Sie herum!

MEINE ANTWORT IM GLAUBEN
Vertreibe meine Furcht, Herr, mit dem Lichte deines Angesichtes, und hilf mir, dieses Licht auf andere zu reflektieren.

DIE UNSICHTBARE ARMEE

„Der Engel des Herrn umschirmt alle,
die ihn fürchten und ehren, und er befreit sie." Ps. 34,8

„Denn er hat seine Engel für dich aufgeboten,
dass sie dich behüten auf allen deinen Wegen." Ps. 91,11 (SchÜ)

Glauben Sie an Engel? Ich glaube daran! Ich glaube, dass Myriaden von guten Engeln für Gottes Volk aufgeboten worden sind. Der Schreiber des Hebräerbriefes beschreibt uns die Engel als „dienende Geister, ausgesandt, um denen zu helfen, die das Heil erben sollen" (Hebr. 1,14). Ich bin froh zu wissen, dass, wohin ich auch gehe, mich ein Engel Gottes umschirmt und bereit ist, mich zu befreien.

In 2. Kön. 6 lesen wir, dass sich der Prophet Elisa in einer Stadt aufhielt, die durch eine große, fremde Armee belagert wurde, die den Auftrag hatte, ihn gefangen zu nehmen. Sein Diener geriet durch die zahlenmäßige Größe der belagernden Armee in Bestürzung. Elisa aber erwiderte: „Bei uns sind mehr als bei ihnen" (Vers 16). Dann betete er:

„Herr, öffne ihm die Augen, damit er sieht" (Vers 17). Als der junge Mann wieder hinschaute, sah er „den Berg rings um Elisa voll von feurigen Pferden und Wagen" (Vers 17). Warum rings um Elisa? Weil Elisa die Qualifikation für einen solchen Schutz der Engel erfüllte: *Er fürchtete den Herrn.*

Auf diesen einen Mann Elisa konzentrierte sich die Aufmerksamkeit der himmlischen Armeen. Sie beschützten nicht nur den Propheten selbst. Sie bildeten auch die Verteidigung für den jungen Mann bei ihm und für alle Menschen in der belagerten Stadt.

Wenn Gott nur unsere Augen öffnen würde, dann würden wir, so glaube ich, erkennen, dass das Gleiche auch heute noch wahr ist. „Bei uns sind mehr als bei ihnen."

Uns steht eine große unsichtbare Armee zur Seite. Verlieren wir nicht den Mut! Wir wollen beherzt sein! Rechnen wir mit der Gegenwart der Engel des Herrn, die uns umschirmen und bereit sind, uns zu befreien.

MEINE ANTWORT IM GLAUBEN
Herr, bitte lass die Gegenwart deiner unsichtbaren Armee heute zu einer lebendigen Wirklichkeit für mich werden.

BESCHÜTZT

„Streite, Herr, gegen alle, die gegen mich streiten,
bekämpfe alle, die mich bekämpfen!
Ergreife Schild und Waffen;
steh auf, um mir zu helfen!
Schwing den Speer und die Lanze
gegen meine Verfolger!
Sag zu mir: ‚Ich bin deine Hilfe.'" Ps. 35,1-3

Dies war das Gebet Davids in einer Zeit tiefer Bedrängnis. Er sah sich von Feinden umgeben, die auf ihn einstürmten, und fand keine Möglichkeit, sie abzuwehren. Seine eigene Kraft und seine Reserven waren aufgebraucht. Deshalb rief er zu dem Herrn: „Stehe auf gegen meine Feinde. Stelle dich selbst zwischen mich und meine Feinde!“ David sah, dass er mehr benötigte als Waffen; zu seiner Verteidigung brauchte er Gott selbst.

Davids Gebet wurde damals in einer Weise beantwortet, die seine unmittelbare Not beendete, aber das war nicht das Endziel. Die letzte, endgültige Antwort auf Davids Gebet wurde tausend Jahre später durch Davids großartigen Sohn, den Herrn Jesus Christus, gegeben. Am Kreuz vollbrachte Jesus genau das, wonach David gerufen hatte. Jesus selbst stellte sich dazwischen; er versperrte jedem Feind unserer Seelen den Weg. Durch seinen Erlösungstod wies er jeden Anspruch Satans ab und brachte jede Anklage des Feindes zum Schweigen. Er stellte für Satans Herrschaftsbereich Schranken auf. Er schuf eine Grenze, die Satan nicht überschreiten kann.

Wenn Sie selbst wie David von den Feinden Ihrer Seele belästigt werden, die zu stark und zu listig für Sie sind, dann akzeptieren Sie für sich selbst die Antwort auf Davids Gebet. Nehmen Sie Zuflucht zu dem Kreuz Jesu und hören Sie, wie er zu Ihrer Seele sagt: „Ich bin deine Hilfe.“

Meine Antwort im Glauben

Herr Jesus, im Glauben sehe ich jetzt, wie du als Gekreuzigter allen Feinden meiner Seele den Weg versperrst.

UNSERE WÜNSCHE UND GOTTES WOHLGEFALLEN

„Wie köstlich ist deine Gnade, o Gott,
dass Menschenkinder unter dem Schatten
deiner Flügel Zuflucht finden!
Sie werden trunken von den reichen Gütern
deines Hauses, mit dem Strom deiner Wonne
tränkst du sie." Ps. 36,8-9 (SchÜ)

Was für ein wunderschönes Bild der Gnade und Güte Gottes! Zuerst wenden wir uns aus unserer Not heraus an ihn. Wir suchen bei ihm Zuflucht, weil wir bedrängt sind und weil wir unsere Probleme nicht lösen können. Wir finden Zuflucht unter dem Schatten seiner Flügel. Wenn wir aber einmal unter seinem Schatten stehen, dann entdecken wir, dass er uns viel mehr als nur Zuflucht bietet. Er hat ein Festmahl vorbereitet. Er versorgt uns aus der Fülle. Wir werden trunken von den reichen Gütern seines Hauses.

Daneben gibt er uns auch aus „dem Strom seiner Wonne" zu trinken. Beachten Sie sorgfältig, was das bedeutet. Gott gibt uns nicht aus dem Strom unserer eigenen Wonne und Wünsche zu trinken, sondern aus dem Strom seiner Wonne. Er lässt uns an den Dingen teilhaben, die ihm gefallen. Da gibt es einen großen Unterschied zwischen den Dingen, die uns gefallen, und denen, die Gott erfreuen. Die Dinge, die Gott wohlgefallen, sind rein, erhebend, auferbauend und vollkommen gut. Auf der anderen Seite gibt es viele Dinge, nach denen unser fleischliches Wesen trachtet, die schädlich sind. Ein offensichtliches Beispiel dafür ist die Gewohnheit des Rauchens. Vielen Leuten gefällt das Rauchen, obwohl wir heute alle wissen, dass es extrem schädlich und eine mögliche Ursache für Krebs und Herzkrankheiten ist.

Gottes Wohlgefallen ist anderer Art. Es ist ausschließlich und vollkommen gut. Es hat keine schädlichen Nachwirkungen. Je mehr wir davon trinken, desto besser wird es uns ergehen.

Gott lädt uns ein, an seiner Fülle und seinem Wohlgefallen teilzuhaben. Welche Tragödie wäre es, seine Einladung abzuschlagen und an Vergnügungen festzuhalten, die zwar unser fleischliches Wesen befriedigen, letztlich aber schädlich sind. Wir wollen einen Geschmack für die Dinge entwickeln, die Gott wohlgefallen!

MEINE ANTWORT IM GLAUBEN
Herr, ich bitte dich, meinen Geschmack zu reinigen, damit ich Gefallen finde an den Dingen, die dir wohlgefallen.

FREUDE AN GOTT

„Freu dich innig am Herrn!
Dann gibt er dir, was dein Herz begehrt.“ Ps. 37,4

Beachten Sie den ersten Satz: „Freue dich innig.“ Ich habe einmal jemanden diese Frage stellen hören: „Findest du Gefallen an deinem Glauben, oder erträgst du ihn?“ Für die meisten Menschen ist der Glaube etwas, das sie ertragen müssen, eine Art schmerzliche Pflicht. Gott will allerdings nicht, dass wir ihn so erleben. Das Bekenntnis von Westminster, die grundlegende lehrmäßige Aussage der Presbyterianischen Kirche, lautet: „Die oberste Pflicht des Menschen besteht darin, Gott zu verherrlichen und sich an ihm für immer zu *erfreuen*.“ Haben Sie je darüber nachgedacht, sich an Gott zu erfreuen?

Gott sagt: „Freue dich innig an mir, dann werde ich dir geben, was dein Herz begehrt.“ Das bedeutet nicht einfach, dass Gott alle unsere Wünsche und Vorstellungen erfüllen wird. Die Wünsche unseres fleischlichen, nicht erneuerten Wesens sind oft verzerrt und verdreht.

Wenn Gott diese Wünsche erfüllen würde, wäre das Endergebnis für uns eher zum Schaden als von Nutzen. Stattdessen verheißt uns Gott jedoch neue Wünsche, göttliche Wünsche, wohltuende Wünsche – die Art von Wünschen, wie Gott selbst sie hat. Dann wird er diese Wünsche erfüllen, weil er selbst sie uns gegeben hat.

Zuerst aber, so sagt David, müssen wir lernen, uns am Herrn zu erfreuen. Das bedeutet, dass unsere persönliche Beziehung zu dem Herrn zur wichtigsten Sache unseres Lebens wird. Sie nimmt vor allen anderen Beziehungen und Formen der Befriedigung den Vorrang ein. Wir dürfen keine „Hintergedanken" haben. Wir stehen zu Gott um seiner selbst willen in Beziehung, nicht um dessentwillen, was wir von ihm zu erhalten hoffen.

Nun kommt das Paradox: Diese aufrichtige Beziehung zu Gott um seiner selbst willen eröffnet uns den Weg in einen Bereich der Befriedigung, den wir anderweitig niemals erblicken und noch viel weniger zum Gegenstand unserer Freude machen könnten.

MEINE ANTWORT IM GLAUBEN
Ich will meine Freude an Gott finden und keine andere Quelle der Befriedigung neben ihm suchen.

ERST ANBEFEHLEN – DANN VERTRAUEN!

„Befiehl dem Herrn deinen Weg
und vertraue auf ihn, so wird er handeln ..." Ps. 37,5 (SchÜ)

Möchten Sie, dass Gott verantwortlich für Ihre Situation, Ihre Probleme, Ihr ganzes Leben sorgt? Hier finden Sie drei einfache Schritte, die dahin führen.

Erstens: *Befehlen* Sie dem Herrn Ihren Weg! Das ist eine Einzelentscheidung. Wenn Sie Ihren Weg dem Herrn anbefehlen, ist das so, als ob Sie in einer Bank einen Geldbetrag einzahlen. Sie übergeben dem Kassierer Ihr Geld, lassen es mit Ihren Händen los und erhalten dafür eine Einzahlungsquittung. Danach wissen Sie, dass Sie Ihr Geld in der Bank eingezahlt haben. Die Quittung ist Ihr Beweis.

Zweitens: *Vertrauen* Sie auch dem Herrn! Das Anbefehlen ist eine einzelne Tat, aber Vertrauen ist eine andauernde Haltung. Wenn Sie einmal Ihr Geld in der Bank eingezahlt haben, fragen Sie sich nicht ständig, ob es sich immer noch dort befindet oder ob die Bank damit richtig umzugehen weiß. Sie vertrauen einfach der Bank. In diesem Fall jedoch vertrauen Sie nicht einer Bank, sondern dem Herrn.

Wenn Sie einmal diese zwei Schritte getan haben, ist der dritte Schritt die Sache des Herrn. *Er wird handeln.* Er wird es „wohl machen" (Luther).

Welche Situation Sie auch im Sinn haben, welche Not, welches Problem, welche Entscheidung auch immer – befehlen Sie alles dem Herrn an – das ist die *Tat*. Nun fahren Sie fort, ihm zu vertrauen – das ist die *Haltung*. Dies vermittelt Ihnen die wunderbare, friedvolle Gewissheit, dass *der Herr handeln wird*. Er übt die Kontrolle aus. Ihrer Bank können Sie Ihr Geld und dem Herrn Ihr Problem anvertrauen. Bringen Sie es einfach zu ihm, befehlen Sie es ihm an und vertrauen Sie ihm weiterhin.

Was bedeutet die Einzahlungsquittung? Das ist das Zeugnis des Heiligen Geistes in Ihrem Herzen, dass Gott die ihm anvertrauten Anliegen entgegengenommen hat.

Meine Antwort im Glauben

Durch eine Entscheidung meines Willens befehle ich dir, Herr, jene besondere Situation an, die mir Sorgen macht, und ich vertraue dir, dass du es wohl machen wirst.

ÖFFNE MEINE OHREN!

„Opfer und Gaben begehrst du nicht;
die Ohren hast du mir aufgetan;
Brandopfer und Sündopfer hast du nicht verlangt.
Da sprach ich: Siehe, ich bin gekommen,
in der Buchrolle steht von mir geschrieben;
deinen Willen zu tun, mein Gott, begehre ich ...“

Ps. 40,7-9 (SchÜ)

Wenn David von Gaben, Brandopfern und Sündopfern spricht, meint er damit die Äußerlichkeiten der Glaubensausübung. Er sagt im Wesentlichen, dass diese Dinge für sich allein noch nicht ausreichen. Es kann sein, dass wir alle Äußerlichkeiten einhalten und doch die Dinge verpassen, die wirklich wichtig sind. Weiterhin sagt er: „... die Ohren hast du mir aufgetan.“ Hier finden wir das Zentrum wahrer Glaubensausübung, das den äußeren Dingen erst ihre Bedeutung verleiht. Wir müssen auf die Stimme Gottes hören, wenn er direkt und persönlich zu uns spricht. Deshalb muss Gott selbst unsere Ohren öffnen.

Nur dann werden wir fähig sein, in gleicher Weise wie der Psalmist zu antworten: „Siehe, ich bin gekommen, in der Buchrolle steht von mir geschrieben ...“ Wenn Gott unsere Ohren öffnet und wir daraufhin ihm unser Leben übergeben, machen wir die überraschende und herrliche Entdeckung, dass er einen speziellen Plan für jeden von uns hat – einen Plan, der von Ewigkeit her „in der Buchrolle“ niedergeschrieben ist. Die Pläne, die Gott für sein Volk vorbereitet hat, sind unendlich unterschiedlich. Er kopiert niemals eine Person. Sein Plan für unser Leben passt in einzigartiger Weise zu unseren speziellen und individuellen Eigenschaften.

Ohne diese Offenbarung des individuellen Willens Gottes für uns werden wir vielleicht die reinen Äußerlichkeiten unseres Glaubens als ermüdend und todbringend empfinden.

Wenn aber unsere Ohren geöffnet sind, fällt es uns leicht zu sagen: „... deinen Willen zu tun, mein Gott, begehre ich."

Meine Antwort im Glauben

Öffne meine Ohren, damit sie hören, o Herr, und meine Augen, damit sie sehen, was in der Buchrolle für mein Leben niedergeschrieben ist.

DER DURST DER SEELE

„Wie der Hirsch lechzt nach frischem Wasser,
so lechzt meine Seele, Gott, nach dir.
Meine Seele dürstet nach Gott,
nach dem lebendigen Gott.
Wann darf ich kommen und Gottes Antlitz schauen?"

Ps. 42,2-3

Ich denke, dass wir alle aus persönlicher Erfahrung Durst kennen. Für mich ruft dieses Wort lebhafte Erinnerungen an drei Jahre während des Zweiten Weltkriegs hervor, die ich mit der Britischen Armee in den trockenen, staubigen Wüstengegenden Nordafrikas zugebracht habe. Mitunter waren unsere Wasservorräte erschöpft. Ich erinnere mich, wie sich dann in meinem ganzen Sein ein beständiger, aber nicht artikulierter Schrei nach Wasser bildete. Nichts außer Wasser konnte diesen Schrei zum Schweigen bringen.

David spricht hier von einer anderen Art von Durst. Es ist nicht ein Durst des Leibes, sondern der Seele. Auch dies ist nicht weniger lebhaft für mich. Ich denke an lange Jahre des Strebens nach Befriedigung, die ich allerdings nie erreichte. In jeder nur möglichen Gestalt, in der sie sich mir präsentieren konnte – sei es in physischer, ästhetischer oder in intellektueller Weise –, hielt ich nach Befriedigung in den Bereichen Musik, Drama, Philosophie, Reisen und sinnlicher Zügellosigkeit

Ausschau. Je mehr ich ernsthaft nach ihr suchte, desto leerer und frustrierter wurde ich.

Schließlich fand ich die Antwort. Es war die gleiche Antwort, die David vor 3000 Jahren bekommen hatte: „Wann darf ich kommen und Gottes Antlitz schauen?“ Es gibt einen Durst der Seele, ein tiefes inneres Verlangen des ganzen Seins eines Menschen, das durch nichts weniger als durch Gott selbst gestillt werden kann.

Vielleicht haben Sie ebenfalls aus vielen Quellen getrunken, die Ihren Durst aber nicht gestillt haben. Wenn ja, dann ist es für Sie wichtig, zwei Dinge zu verstehen: Erstens, nichts außer Gott selbst kann je Ihren Durst befriedigen. Zweitens, er wartet darauf, dass Sie zu ihm kommen.

MEINE ANTWORT IM GLAUBEN
O Gott, zieh mich hin an den Ort, wo ich dir begegnen und den Durst meiner Seele stillen kann.

DIE FREISETZUNG DER FREUDE

„So werde ich kommen zum Altar Gottes,
zum Gott meiner Jubelfreude ...“ Ps. 43,4 (rev. ElbÜ)

David hatte zwei Dinge über Freude gelernt. Erstens: Es gibt nur eine Quelle der Freude, und das ist Gott selbst. Zweitens: Es gibt nur einen Ort, an dem wir aus dieser Quelle schöpfen können, und das ist der Altar. Der Altar ist die Opferstätte, der Ort der Hingabe und der Weihe, der Platz, wo wir unser Leben hinlegen. Durch das Opfer, das wir am Altar bringen, wird die Freude, die von Gott allein stammt, in uns freigesetzt.

Zwischen Freude und Fröhlichkeit besteht ein großer Unterschied. Freude ist im Bereich des Geistes, Fröhlichkeit im Bereich der Seele zu finden. Fröhlichkeit steht in enger Beziehung zu unseren Gefühlen, Meinungen und Umständen.

Wenn alles gut läuft, sind wir fröhlich. Laufen Dinge schief, sind wir unglücklich. Es ist gut, wenn wir fröhlich sind, aber wir werden nicht immer glücklich sein können.

Auf der anderen Seite ist Freude nicht von Gefühlen oder Umständen abhängig. Sie ist nicht von unserem körperlichen Zustand abhängig. Freude ist in unserem Geist zu finden. Dort gibt es nur eine Quelle der Freude, und das ist Gott – Gott selbst. Gott ist ewig und unwandelbar. Aus diesem Grunde können wir Freude selbst dann erleben, wenn uns nicht nach Fröhlichkeit oder Vergnügen zumute ist. Freude kommt direkt von Gott selbst. Genau wie Gott ist auch Freude ewig, unwandelbar und wird nicht von Situationen oder Umständen tangiert.

Aber Freude wird nur am Altar freigesetzt. Wir müssen uns wie David entschließen, zu Gott zu gehen, zum Altar, zur Opferstätte, zum Ort der Hingabe und der Weihe, zu dem Platz, wo wir uns selbst ohne Einschränkung Gott hingeben. Dann werden wir zu jeder Zeit Freude erleben, die sich nie verändert.

Meine Antwort im Glauben

Herr, ich lege mein Leben ohne Einschränkung auf deinen Altar hin. Setze in mir die Freude frei, die nur von dir kommen kann.

DIE SCHÖNHEIT DER GERECHTIGKEIT

„Dein Thron, o Gott, ist immer und ewig,
ein Zepter der Geradheit ist das Zepter deiner Herrschaft.
Gerechtigkeit hast du geliebt und Gottlosigkeit gehasst:
darum hat Gott, dein Gott, dich gesalbt
mit Freudenöl vor deinen Gefährten.
Myrrhe und Aloe, Kassia sind alle deine Kleider;
aus Palästen von Elfenbein erfreut dich Saitenspiel."

Ps. 45,7-9 (rev. ElbÜ)

Der Psalmist schildert uns hier ein prophetisches Bild vom Messias – ein Bild, das seine Erfüllung in dem Herrn Jesus gefunden hat. Dieses Bild offenbart uns den Charakter Jesu, seine Einstellung in Angelegenheiten der Moral und den Grund, warum Gott ihn erhöht hat. Es ist wichtig zu verstehen, dass Jesus nicht wie ein bevorzugter Sohn behandelt wurde. Er verdiente sich seine „Beförderung", seine Erhöhung. Der Psalmist nennt uns den Grund dafür: „Gerechtigkeit hast du geliebt und Gottlosigkeit gehasst: *darum* hat Gott, dein Gott, dich gesalbt mit Freudenöl vor deinen Gefährten." Wegen der Einstellung Jesu bezüglich Gerechtigkeit und Gottlosigkeit wurde er von Gott „befördert" bzw. erhöht. In diesen Dingen gibt es keine neutrale Haltung. Die Gerechtigkeit, die Gott für gut befindet, lässt für einen Kompromiss mit der Gottlosigkeit keinen Raum.

Diese kompromisslose Gerechtigkeit wird mit Freude gekrönt, die mit der Salbung des Heiligen Geistes einhergeht. Johannes der Täufer bezeugte von Jesus: „Ich sah, dass der Geist vom Himmel herabkam wie eine Taube und auf ihm blieb" (Joh. 1,32). Was Jesus als den Messias auszeichnete, war, dass der Heilige Geist *beständig auf ihm blieb*. Weder in Worten noch in Taten gab er der Taube einen Anlass, ihn zu verlassen.

Solche Gerechtigkeit wird ebenfalls mit Schönheit geschmückt – mit Kleidern, die nach Gewürzen duften, und mit Melodien von Saitenspiel, die aus einem Palast von Elfenbein heraus zu hören sind.

Wenn wir eine solche Reinheit und Lieblichkeit betrachten, wiederholen wir die Worte der Braut: „... alles ist Wonne an ihm. Das ist mein Geliebter ...“ (Hohel. 5,16).

MEINE ANTWORT IM GLAUBEN

Herr, salbe meine Augen, damit sie die Schönheit wahrer Gerechtigkeit sehen können.

SEID STILL UND ERKENNT

„Die Völkter tobten, die Königreiche wankten,
als er seine Stimme hören ließ; und die Erde verging ...
der den Kriegen ein Ende macht,
der den Bogen zerbricht, den Speer zerschlägt
und die Wagen mit Feuer verbrennt!
Seid stille und erkennet, dass ich Gott bin;
ich will erhaben sein unter den Völkern,
ich will erhaben sein auf Erden.“

Ps. 46,7.10-11 (SchÜ)

Der Psalmist beschreibt eine Szene weltweiter Verwirrung. Die Völker toben, die Königreiche wanken. Die Waffen klirren, der Krieg steht bevor. Mittendrin schreitet dann Gott ein. Er bewirkt, dass die wahnsinnigen Aktivitäten der Völker zum Stillstand kommen. Zu seinem eigenen Volk sagt er: „Seid still und erkennt, dass ich Gott bin!“

Das heutige Szenarium trifft genau auf das prophetische Bild des Psalmisten zu: Völker toben, Königreiche wanken, die Aufrüstung wird schnell vorangetrieben, die Bedrohung des Krieges ist allgegenwärtig. In all dem müssen wir auf das hören, was Gott zu seinem Volk sagt: „Seid stille ... seid stille und erkennet ..."

Wir dürfen es nicht erlauben, dass die Verwirrung in der Welt um uns herum auch unseren eigenen Geist beunruhigt. Es spielt keine Rolle, wie groß der Druck auch ist, wir müssen beständig eine innere Stille bewahren, die uns erlaubt, auf das zu hören, was Gott sagt. Er spricht zu uns: „Ich wusste im Voraus um alles, was ihr um euch herum seht. Ich bin nicht unvorbereitet. Wenn alle meine Pläne herangereift sind, werde ich einschreiten. Gebt der Furcht keinen Raum. Die Situation ist nicht außer Kontrolle geraten. Letztendlich wird alles zu meiner Ehre und zu eurem Besten beitragen."

In seiner letzten großen prophetischen Rede zeichnete Jesus ein ähnliches Bild von der Welt, wie sie zum Ende des gegenwärtigen Zeitalters hin sein würde, fügte aber hinzu: „Wenn all das beginnt, dann richtet euch auf und erhebt eure Häupter; denn eure Erlösung ist nahe" (Luk. 21,28).

MEINE ANTWORT IM GLAUBEN

Hilf mir, Herr, eine innere Stille zu bewahren, damit ich deine Stimme trotz aller Verwirrung um mich herum hören kann.

DER AUSWEG AUS DER NOT

„Bring Gott als Opfer dein Lob,
und erfülle dem Höchsten deine Gelübde!
Rufe mich an am Tag der Not,
dann rette ich dich, und du wirst mich ehren." Ps. 50,14-15

Hier finden wir den göttlichen Ausweg aus der Not. Vielleicht stecken Sie gerade mitten in Schwierigkeiten. Alles richtet sich gegen Sie, und Sie können keinen Ausweg sehen. Aber hören Sie, was der Psalmist sagt: Der *Ausweg* besteht in dem

Aufblick zu Gott. „Bring Gott als Opfer dein Lob ..." Das hört sich sinnlos an, aber versuchen Sie es dennoch! Inmitten all Ihrer Probleme beenden Sie Ihre sorgenvollen Überlegungen und beginnen Sie, Gott zu danken. Erheben Sie Ihre Stimme zu Gott – nicht mit einem Klagelied, sondern mit Lobpreis. Bringen Sie ihm ein Opfer der Dankbarkeit.

Ein Opfer kostet uns immer etwas. Gott in einer solchen Situation zu danken geht uns gegen den Strich. Es ist aber ein Opfer, das Gott gefällt. Im Gegenzug verheißt Gott: „Wenn du mir dein Opfer der Dankbarkeit mitten in all deinen Schwierigkeiten bringst, werde ich zu deinen Gunsten einschreiten. Ich will dich retten, und du wirst mich ehren."

Im letzten Vers dieses Psalms kommt Gott auf dieses Thema zurück. Er sagt: „Wer Dank opfert, verherrlicht mich und bahnt einen Weg; ihn werde ich das Heil Gottes sehen lassen" (rev. ElbÜ). Gott wartet darauf, Sie zu befreien. Aber er verlangt von Ihnen, ihm einen Weg zu bahnen, damit er in Ihre Situation einschreiten kann. Das geschieht dann, wenn Sie anfangen, ihm Ihr Dankopfer zu bringen.

Paulus und Silas befanden sich in Philippi im „Hochsicherheitstrakt" des Gefängnisses. Ihre Füße waren im Stock befestigt, ihr Rücken blutete nach grausamen Schlägen. Dennoch beteten sie um Mitternacht – zur dunkelsten Stunde – und sangen Hymnen. Plötzlich schritt Gott ein und schickte ein Erdbeben. Sie wurden sofort befreit, und der Gefängnisaufseher bekehrte sich (Apg. 16,22-34). Das Opfer ihres Lobpreises hatte den Weg für Gottes Einschreiten gebahnt.

Meine Antwort im Glauben

Gerade jetzt, Herr, mitten in meiner Not, bringe ich dir die Opfer meines Lobes und meiner Dankbarkeit.

VERBORGENE WEISHEIT

„Siehe, du verlangst Wahrheit im Innersten:
so tue mir im Verborgenen Weisheit kund!“ Ps. 51,8 (SchÜ)

Das erste Wort *siehe* deutet an, dass David sich einer Wahrheit plötzlich bewusst wurde, die er vorher nie begriffen hatte. Wonach hält Gott in unserem Leben wirklich Ausschau? Zuerst und vor allem sind es nicht die äußerlichen Dinge unseres Glaubens, die uns bei unseren Mitmenschen schnell den Ruf von Frömmigkeit einbringen. Gott schaut viel tiefer. Er sieht hinunter in die innersten Tiefen unseres Herzens. „Gott sieht nämlich nicht auf das, worauf der Mensch sieht. Der Mensch sieht, was vor Augen ist, der Herr aber sieht das Herz“ (1. Sam. 16,7).

Gott verlangt „Wahrheit im Innersten“. Das ist das genaue Gegenteil von religiösen Äußerlichkeiten. Unsere Mitmenschen werden durch sie vielleicht beeindruckt oder getäuscht, nicht aber Gott! Er sieht hinter die Fassade; er sucht nach innerer Ehrlichkeit und Aufrichtigkeit. Gerade hier muss sich jeder von uns selbst überprüfen: Bin ich wirklich offen mit Gott? Bin ich in meiner Beziehung zu ihm durchsichtig? Drücken die Worte, die ich ausspreche, wirklich das aus, was ich in meinem Herzen fühle?

Wenn wir diesen Zustand der inneren Durchsichtigkeit vor Gott erreichen, treten wir in die zweite Phase der Wahrheit ein, die David begriffen hatte: „So tue mir im Verborgenen Weisheit kund!“ Es gibt eine „verborgene Weisheit Gottes“, die für den „verborgenen Teil“ des Menschen bestimmt ist und die nur diejenigen erfassen können, deren Herz vollständig und ohne Einschränkung Gott gegenüber offen ist.

Paulus sagt uns, dass die Fähigkeit, diese Weisheit zu begreifen, das Kennzeichen von wahrer geistlicher Reife ist: „Und doch verkündigen wir Weisheit unter den Vollkommenen ... das Geheimnis der verborgenen Weisheit Gottes, die Gott vor allen Zeiten vorausbestimmt hat zu unserer Verherrlichung" (1. Kor. 2,6-7).

MEINE ANTWORT IM GLAUBEN
Ich entsage jeder Unaufrichtigkeit und jedem leeren Formalismus, damit ich die verborgene Weisheit Gottes kennen lerne.

EIN REINES HERZ

„Erschaffe mir, Gott, ein reines Herz,
und gib mir einen neuen, beständigen Geist!" Ps. 51,12

Es gibt einige Dinge, die der Mensch tun kann, und andere, die er nicht tun kann. Er kann Dinge herstellen, zusammenfügen, bearbeiten und reparieren. Eines aber vermag der Mensch nicht: etwas zu *erschaffen*. Allein Gott ist der Schöpfer.

An dieser Stelle in seinem Leben wurde David mit der Realität seiner eigenen Sündhaftigkeit konfrontiert. Nachdem der Prophet Nathan ihm seinen Ehebruch mit Batseba vorgehalten hatte, erblickte er vielleicht zum ersten Mal in seinem Leben den wahren Zustand seines eigenen Herzens. David sah die Verwüstung, die die Sünde angerichtet hatte, und erkannte, dass es nichts gab, was er tun könnte. All das hätte auch überhaupt nichts gebracht. Und deshalb wandte er sich in der Qual seiner Seele an Gott und bat ihn, das zu tun, was nur er allein vermochte: ihm ein reines Herz zu *erschaffen*.

Wenn wir – wie David – in unser eigenes Herz blicken könnten, würde jeder von uns den gleichen Zustand wahrnehmen. Die Auswirkungen der Sünde sind so verheerend, dass wir kein geeignetes Heilmittel besitzen. Es nützt nichts, wenn wir versuchen zu reparieren, zu bearbeiten, zu verbessern. Uns bleibt nur ein einziges Heilmittel übrig. Wir können Davids Beispiel folgen, indem wir das tiefe Ausmaß unserer Not anerkennen und uns mit diesem Gebet an Gott wenden: „Gott, ich kann mich nicht selbst verändern. Ich kann mich auch nicht selbst verbessern. Mein Herz ist verdorben und voller Sünde. Tue du das für mich, was ich für mich selbst nicht tun kann. Erschaffe in mir ein reines Herz, o Gott."

Die letzte, allgemein gültige Erhörung von Davids Bitte geschah durch das Opfer Jesu, durch das das Wunder einer neuen Schöpfung allen Menschen zugänglich ist.

„Wenn also jemand in Christus ist, dann ist er eine neue Schöpfung: Das Alte ist vergangen, Neues ist geworden" (2. Kor. 5,17).

MEINE ANTWORT IM GLAUBEN
O Gott von David und von Jesus, erschaffe auch in mir ein reines Herz!

EIN ZERBROCHENER GEIST

„Denn du hast keine Lust an Schlachtopfer,
sonst gäbe ich es; Brandopfer gefällt dir nicht.
Die Opfer Gottes sind ein zerbrochener Geist,
ein zerbrochenes und zerschlagenes Herz
wirst du, Gott, nicht verachten."

Ps. 51,18-19 (rev. ElbÜ)

Durch sein eigenes, persönliches Ringen hat David ein neues Verständnis dessen bekommen, was Gott wirklich von Menschen verlangt. Zuerst ist Gott nicht an Äußerlichkeiten interessiert – hier dargestellt anhand von Schlacht- und Brandopfern. Dies bedeutet aber nicht unbedingt, dass Gott niemals von uns verlangt, auch Äußerlichkeiten in unserem Glauben einzuhalten. Viele andere Bibelstellen zeigen deutlich, dass er es mitunter wirklich verlangt. Allerdings bedeutet es, dass solche Äußerlichkeiten nicht das sind, was er vor allen anderen Dingen von uns fordert. Wenn unser Glaube nicht mehr beinhaltet als das Einhalten von äußerlichen Vorschriften, dann hat Gott an ihnen kein Wohlgefallen.

Gott schaut immer hinter das Äußere. Er sieht auf die Motive und die Einstellung des Herzens. Wonach hält er Ausschau? „Ein zerbrochener Geist“, sagt uns David, „ein zerbrochenes und zerschlagenes Herz.“ Das sind heutzutage seltsame Worte für unsere Ohren. Was bedeutet es, dass Gott an einem zerbrochenen Geist Gefallen findet? Will er uns niederschlagen und uns demütigen? Nein, ich bin sicher, dass dies nicht seine Absicht ist.

Was also ist ein zerbrochener Geist? Ich glaube, dass ein solcher Geist vollständig am Ende seiner Möglichkeiten angelangt ist. Er erhebt keine Ansprüche, stellt keine Streitfragen. Jede Unabhängigkeit, jeder Selbst-Wille, jede Selbst-Gerechtigkeit ist durch Läuterung entfernt worden. Dieser Geist wendet sich ganz einfach und ausschließlich an Gott und vertraut nicht auf seine eigenen Verdienste, sondern allein auf Gottes unbegrenzte und unverdiente Gnade.

Wenn wir es ihm erlauben, wird Gott in seiner Weisheit diese Zerbrochenheit des Geistes in uns allen bewirken. Er behandelt jeden von uns in individueller Weise. Niemals tut er unserer Persönlichkeit Gewalt an. Er übt den Druck nur exakt in dem Maße aus, das er benötigt, um sein Ziel zu erreichen.

„Denn nicht freudigen Herzens plagt und betrübt er die Menschen“ (Klagelieder 3,33).

Meine Antwort im Glauben

Herr, tue das, was notwendig ist, in meinem Herzen und Leben, damit ich dir die Opfer bringen kann, die dir gefallen.

WIE MAN FURCHT ÜBERWINDET

„An dem Tag, da ich mich fürchten muss,
setze ich auf dich mein Vertrauen.
Ich preise Gottes Wort.
Ich vertraue auf Gott und fürchte mich nicht." Ps. 56,4-5

Eines, das ich in der Bibel besonders schätze, ist ihre Ehrlichkeit. Sie stellt sich den Tatsachen. Sie schildert das Leben, wie es ist, und rechnet mit der menschlichen Schwäche. David erhebt keine falschen Ansprüche für sich. Er sagt nicht: „Ich werde mich niemals fürchten." Vielmehr gibt er zu: „Es mögen Zeiten kommen, da ich mich fürchten werde. Aber wenn diese Tage da sind, weiß ich, was ich zu tun habe. Ich werde auf Gott vertrauen und sein Wort preisen – sein sicheres, unfehlbares Wort. Durch Vertrauen und Lobpreis werde ich meine Furcht überwinden."

Im Leben des Glaubens entsteht oft ein Konflikt zwischen zwei Bereichen unseres Wesens: zwischen unserem Geist und unseren Emotionen. In unseren Gefühlen erleben wir alle Auswirkungen von Furcht, vielleicht sogar von Panik. Vergeblich kämpfen wir dagegen. Furcht oder Panik ergreifen uns. Aber in dem anderen Bereich unseres Wesens – in unserem Geist – geben wir der Panik nicht nach und akzeptieren nicht, was die Emotionen uns vorschreiben wollen. Der Geist in uns sagt: „Ich werde die Beurteilung dieser Situation durch meine Emotionen nicht akzeptieren. Ich werde mich an Gott wenden und mich an das erinnern, was sein Wort aussagt. Ich werde die Verheißung Gottes finden, die auf meine Notlage zutrifft. In meinen Gefühlen empfinde ich vielleicht Furcht, aber in meinem Innersten vertraue ich, und dieses Vertrauen verleiht mir eine solche Sicherheit und Zuversicht, die viel tiefer sind als meine Emotionen."

In einer solchen Situation gleicht unsere Persönlichkeit einem Fluss an einem stürmischen Tag. Unsere Gefühle sind wie die Wellen auf der Oberfläche – unruhig und hin und her geworfen. Aber in den innersten Tiefen unseres Wesens fließt das Leben unseres Geistes in ungetrübtem Frieden.

MEINE ANTWORT IM GLAUBEN

Herr, ich danke dir für den Frieden, der tief in mir ist und der nicht durch die Stürme berührt wird, die über die Oberfläche des Lebens dahinbrausen.

EIN KRUG VOLL TRÄNEN

„Mein Elend ist aufgezeichnet bei dir.
Sammle meine Tränen in einem Krug,
zeichne sie auf in deinem Buch!“ Ps. 56,9

Dies ist der Ausruf eines verzweifelten Menschen, der weiß, was es heißt, ein Flüchtling und Verbannter zu sein und sich im Elend zu befinden. Er spricht aus Erfahrung, wenn er sagt, er habe viele Tränen vergossen. Und doch findet er sogar bei seinen Tränen und in seinem Elend Trost. Er erkennt, dass das Auge Gottes auf ihm ruht. Gott nimmt Notiz von allem, was ihm widerfährt. In seinem Buch führt Gott ein Verzeichnis von allem, was der Psalmist um der Gerechtigkeit willen erleidet.

Sogar seine Tränen werden nicht vergeblich vergossen. Sie sind Tränen des Kummers und der Einsamkeit, nicht aber Tränen der Verzweiflung. Für sie gibt es eine Zukunft. Zur gegenwärtigen Zeit sind sie Zeichen des Leidens, aber eines Tages wird jede Träne zum Thema eines Lobliedes werden. Darum sagt der Psalmist zu Gott: „Sammle meine Tränen in einem Krug – bewahre sie sorgfältig für mich auf!“ Er möchte nicht das Thema für ein einziges Loblied verlieren.

Das Leiden ist ein fast unausweichlicher Bestandteil des menschlichen Lebens, aber es ist nicht unbedingt negativ. Sein Endergebnis wird davon abhängen, wie wir auf unser Leiden reagieren. Ein französisches Sprichwort besagt: „Um schön zu sein, muss man leiden." Das Leiden, das wir im Glauben und um der Gerechtigkeit willen ausdauernd tragen, bewirkt in uns eine einzigartige Schönheit, die der Tod nicht zerstören kann.

Verschwenden Sie daher Ihre Leiden nicht! Treffen Sie Vorkehrungen, dass sie für die Ewigkeit aufbewahrt werden. Sie werden in eine überaus große Herrlichkeit verwandelt werden.

„Ich bin überzeugt, dass die Leiden der gegenwärtigen Zeit nichts bedeuten im Vergleich zu der Herrlichkeit, die an uns geoffenbart werden soll" (Röm. 8,18).

MEINE ANTWORT IM GLAUBEN

Herr Jesus, hilf mir, dass ich meine Leiden im Lichte der Ewigkeit betrachten kann.

VOM ENDE DER ERDE

„Gott, höre mein Flehen, achte auf mein Beten!
Vom Ende der Erde rufe ich zu dir;
denn mein Herz ist verzagt." Ps. 61,2-3

Diese Worte haben eine ganz besondere Bedeutung für mich. Während einer Krisenzeit in meinem Leben gab mir der Heilige Geist diese Worte zu einem speziellen Zeitpunkt an einem besonderen Ort. Ich befand mich gerade in tiefer persönlicher Enttäuschung und Traurigkeit. Es schien, als ob die Wogen und Wellen Gottes auf meine Seele herabfluteten. Ich war gerade unterwegs von den Vereinigten Staaten nach Australien, um dort an einer Reihe von Veranstaltungen teilzunehmen. Während ich in ca. 10.000 Meter Höhe in meinem Düsenflugzeug saß, öffnete ich meine Bibel zufällig bei den Worten: „Vom Ende der Erde rufe ich zu dir." Ich dachte: „Das ist bemerkenswert. Genau auf dieses Ziel fliege ich zu – das Ende der Erde." (Australien liegt in dem Bereich der Erde, der am weitesten von dem Ort entfernt ist, wo David seine Worte geschrieben hat.) Dann fragte ich mich: „Warum gehe ich dorthin? Was ist Gottes Plan?"

Ich las diese Verse noch einmal: „Vom Ende der Erde rufe ich zu dir; denn mein Herz ist verzagt." Da erkannte ich, dass Gott in seiner unbegrenzten Weisheit mich auf diese lange Reise geschickt hatte, um nicht nur zu anderen Leuten zu predigen, sondern damit ich mich selbst dem Gebet dort widmen sollte, wo ich Tausende von Kilometern weit von dem unmittelbaren Druck meines Problems entfernt war und wo ich ohne Ablenkung auf Gott warten konnte. Und das war weitaus wichtiger.

Dort erlebte ich eine besondere Woche, in der ich den größten Teil jedes Tages im Gebet verbrachte. Als ich zu Gott vom Ende der Erde rief, schritt er in souveräner Weise ein. Zu der Zeit, als ich in die Vereinigten Staaten zurückkehrte, war jedes Problem gelöst, jede Schranke abgebrochen worden. Der Weg war für mich geebnet und ich konnte in Gottes Plan für mein Leben voranschreiten.

MEINE ANTWORT IM GLAUBEN

Hast du mit mir eine Verabredung im Gebet, Herr, und wartest darauf, dass ich komme?

BEI GOTT ALLEIN

„Bei Gott allein kommt meine Seele zur Ruhe,
von ihm kommt mir Hilfe.
Nur er ist mein Fels, meine Hilfe, meine Burg;
darum werde ich nicht wanken.
Bei Gott allein kommt meine Seele zur Ruhe;
denn von ihm kommt meine Hoffnung.
Nur er ist mein Fels, meine Hilfe, meine Burg;
darum werde ich nicht wanken." Ps. 62,2-3.6-7

In diesen Versen finden wir ein überaus wichtiges Wort an zwei Stellen. Es handelt sich um das Wort *allein*. Der Psalmist zählt eine Reihe von unbegrenzten und kostbaren Segnungen auf, die nur von Gott selbst stammen können. Der allererste Segen ist die Hilfe – oder anders übersetzt: die Errettung. Damit eng verbunden sind: Ruhe, Stärke (der Fels), Schutz (die Burg) und Hoffnung. In gewissem Sinne sind diese vier letztgenannten Segnungen Nebenprodukte des ersten Segens: der Errettung.

Die einzige und letztendliche Quelle der Errettung ist Gott selbst – Gott allein. Wir dürfen niemals meinen, Gott sei nicht ausreichend und wir hätten noch etwas anderes als Gott selbst bzw. über ihn hinaus nötig. Die Errettung ist nicht abhängig von Gott plus dem Gesetz oder Gott plus der Kirche oder Gott plus sonst irgendetwas. Sie hängt allein von Gott ab.

Der Prophet Jesaja ist ein weiterer Zeuge für die Einzigartigkeit und Hinlänglichkeit Gottes in Bezug auf die Errettung. Aus seiner eigenen Erfahrung heraus erklärt er: „Ja, Gott ist meine Rettung ... Denn meine Stärke und mein Lied ist der Herr. Er ist für mich zum Retter geworden" (Jes. 12,2).

Wir können leicht in zwei gegensätzliche Irrtümer verfallen. Wenn wir auf der einen Seite glauben, dass die Errettung von *mehr* als nur von Gott abhängt, entehren wir ihn und bringen in Misskredit, dass er für alles ausreicht. Wenn wir auf der anderen Seite die Errettung in etwas *Geringerem* als in Gott suchen, werden wir vergeblich nach ihr Ausschau halten.

Wenn aber Gott selbst unsere Errettung wird, folgen auch die anderen damit verbundenen Segnungen: Ruhe, Stärke, Schutz und Hoffnung.

Meine Antwort im Glauben

Komm zur Ruhe, o meine Seele, bei Gott allein; meine Hilfe kommt von ihm.

BEGEGNUNG MIT GOTT

„Gott, du mein Gott, dich suche ich, meine Seele dürstet nach dir. Nach dir schmachtet mein Leib wie dürres, lechzendes Land ohne Wasser. Darum halte ich Ausschau nach dir im Heiligtum, um deine Macht und Herrlichkeit zu sehen. Ich denke an dich auf nächtlichem Lager und sinne über dich nach, wenn ich wache.“ Ps. 63,2-3.7

Wie wichtig ist es, dass Sie Ihre eigene persönliche Offenbarung von Gott haben, dass Sie sich nicht nur auf das verlassen, was Ihnen irgendjemand erzählt hat oder was Sie in einem Buch gelesen oder sogar in der Kirche gehört haben. All das mag gut und nützlich sein, aber es reicht nicht aus. Der Zeitpunkt muss kommen, an dem Sie Gott selbst erfahren und ihn aus erster Hand kennen lernen. Sie müssen eine solche Offenbarung von Gott bekommen, dass nichts weniger als Gott selbst sie je wieder zufrieden stellen kann.

David hatte eine solche Offenbarung. Er sagte zu Gott: „Ich halte Ausschau nach dir im Heiligtum, um deine Macht und Herrlichkeit zu sehen. Doch nun bin ich in einem dürren, lechzenden Land, aber meine Seele dürstet nach dir mehr als nach Wasser. Sogar wenn ich nachts auf meinem Lager liege, sinne ich über dich nach. Du erfüllst mein Herz und meinen Sinn, meine Vorstellungskraft und meine Sehnsucht. Den ganzen Tag über bin ich von dir eingenommen, mein Gott. Da gibt es keine andere Quelle wahrer Befriedigung. Meine Seele kommt auf keine andere Art und Weise zur Ruhe. Ich habe dich in einer Weise gesehen und kennen gelernt, die ich nie wieder vergessen werde. Das hat meinen Lebenslauf ein für alle Mal bestimmt.“

Fragen Sie sich, ob eine solche Erfahrung auch heute möglich ist? Ich versichere Ihnen aus meiner persönlichen Erfahrung heraus, dass es so ist. Eines Nachts im Jahre 1941 begegnete ich dem Gott, der sich durch Jesus Christus geoffenbart hatte. Diese Begegnung hat mein Leben vollständig und dauerhaft verändert. Nach über 40 Jahren verspüre ich heute noch immer den gleichen intensiven Durst in meiner Seele, den David beschreibt – einen Durst, der durch nichts weniger als durch Gott selbst gestillt werden kann.

MEINE ANTWORT IM GLAUBEN

O Gott, erfülle mein ganzes Sein mit der Offenbarung von dir selbst.

GOTT HÖRT UND BEANTWORTET GEBET

„Dir gebührt Lobgesang, Gott, auf dem Zion,
dir erfüllt man Gelübde.
Du erhörst die Gebete. Alle Menschen kommen
zu dir unter der Last ihrer Sünden.
Unsere Schuld ist zu groß für uns,
du wirst sie vergeben." Ps. 65,2-4

Es geschieht oft in einem Seelsorgegespräch, dass ich einer Person, die sich in Schwierigkeiten befindet – vielleicht bricht die Ehe auseinander oder die Gesundheit völlig zusammen –, ganz ehrlich sagen muss: „Ich habe nicht die Antwort auf Ihr Problem. Ich kann Ihnen nicht genau sagen, was Sie tun müssen. Eines aber vermag ich Ihnen mitzuteilen: Gott hört und beantwortet Gebet."

Genau das drückt der Psalmist hier aus: „Du erhörst die Gebete. Alle Menschen kommen zu dir ..." Irgendwo in unser aller Leben gibt es einen Scheidepunkt, wo wir ganz deutlich erkennen, dass wir Gott brauchen. Was dann am allermeisten zählt, ist das Wissen, dass Gott auf Gebete hin handelt. Letztlich werden sich aus dem Grunde alle Menschen an Gott wenden, weil er tatsächlich Gebet hört und beantwortet.

Vor allem anderen gibt es ein spezielles Gebet, das Gott mit Vorliebe beantwortet. Das ist das Gebet um Vergebung unserer Sünden. Wenn wir gesündigt und vor Gott und vor Menschen versagt haben, brauchen wir nicht in Verzweiflung geraten. So oft möchte der Feind unserer Seelen uns davon überzeugen, dass das Gebet nichts nützt oder dass wir zu weit gegangen oder zu tief gesunken sind. Aber das ist nicht wahr! Gott wartet immer noch darauf, unsere Gebete zu erhören. Wenn wir zu ihm um Vergebung rufen, wird er antworten. Dann werden wir in der Lage sein, mit David zu sagen: „Unsere Schuld ist zu groß für uns, du wirst sie vergeben."

Lassen Sie sich niemals durch Furcht, Schuld oder Verzweiflung vom Gebet abhalten. Erinnern Sie sich in den Tiefen Ihrer Not daran: Gott hört, und er beantwortet Gebet.

MEINE ANTWORT IM GLAUBEN

Herr, ich habe jede menschliche Lösung erfolglos ausprobiert, aber ich glaube immer noch, dass du mein Gebet beantworten wirst.

IM SCHMELZOFEN GELÄUTERT

„Du hast, o Gott, uns geprüft,
und uns geläutert, wie man Silber läutert." Ps. 66,10

Die Bibel lehrt sehr deutlich, dass Gott sein Volk prüft. Wenn wir zum Volk Gottes gehören wollen, müssen wir uns auf Prüfungen vorbereiten. Ein lebhaftes Bild von der Art und Weise, wie Gott uns prüft, ist das eines Silberschmiedes, der Silber läutert. Es wird in der Heiligen Schrift oft gebraucht.

In biblischen Zeiten legte der Silberschmied das Silber in einen Metallbehälter und hängte diesen über eine möglichst heiße Feuerstelle. Wenn dann das Silber in der Hitze zu schmelzen und zu sieden begann, kamen die in dem Silber befindlichen Unreinheiten – auch Schlacke genannt – als Schaum an die Oberfläche, wo sie der Silberschmied dann abschöpfte. Diesen Prozess des Abschöpfens setzte er so lange geduldig fort, bis in dem Silber keine Unreinheiten mehr zurückblieben. Der letzte Test der Reinheit bestand darin, dass der Silberschmied beim Hineinschauen in das Silber dort sein eigenes Angesicht ohne Verzerrung wie in einem Spiegel betrachten konnte. Dann wusste er, dass alle Schlacke entfernt worden war.

In gleicher Weise prüft Gott uns – aber der Schmelzofen, den er benutzt, ist Leiden. Je heißer das Feuer ist, desto schneller gelangen die Unreinheiten an die Oberfläche. Sanft und geduldig schöpft Gott diese mit der unsichtbaren Schöpfkelle des Heiligen Geistes ab. Er setzt diesen Prozess so lange fort, bis keine Unreinheiten mehr vorhanden sind und sich sein eigenes Bild in unserem Leben widerspiegelt. Dann weiß er, dass der Läuterungsprozess erfolgreich abgeschlossen ist, und nimmt uns aus dem Schmelzofen.

„Ich habe dich geläutert, doch nicht wie Silber: Im Schmelzofen des Elends prüfte ich dich“ (Jes. 48,10).

MEINE ANTWORT IM GLAUBEN

Herr, ich bitte nicht darum, dass ich vor den Prüfungen verschont werde, sondern dass ich Gnade habe, mich ihnen zu stellen, bis du mit meinem Leben zufrieden bist.

HOFFNUNG FÜR DIE EINSAMEN

„Gott ist es, der Einsame zu Hause wohnen lässt,
Gefangene hinausführt ins Glück;
Widerspenstige jedoch bleiben in der Dürre.“

Ps. 68,7 (rev. ElbÜ)

Einsamkeit ist ein sehr unglücklicher Zustand. Und doch gibt es heutzutage Millionen und aber Millionen von einsamen Menschen. Obwohl die Weltbevölkerung stark anwächst und viele Menschen in Großstädten leben, sind doch diese Großstädte und unsere dichtbesiedelte Erde mit einsamen Menschen angefüllt.

Es ist möglich, inmitten einer Menschenmenge einsam zu sein. Es kann sein, dass man in einer Großstadt einsam ist. Dies ist tatsächlich die schlimmste Form der Einsamkeit – von Menschen umgeben und doch durch unsichtbare Schranken von ihnen getrennt zu sein, durch die man nicht durchbrechen kann.

Dennoch ist Einsamkeit nicht in Gottes Plan für das Leben des Menschen. Von Ewigkeit her ist Gott ein Vater. Der Ursprung aller Vaterschaft – jeder Familie – im Himmel und auf Erden liegt in Gott (Eph. 3,14-15). Ganz zu Beginn der menschlichen Geschichte erschuf Gott eine Gefährtin für den ersten Mann, weil es nicht gut wäre, dass der Mensch alleine sei. Das zeigt Gottes Einstellung. Er will uns aus unserer Einsamkeit herausholen und uns in die Familie Gottes eingliedern. Er will uns Brüder und Schwestern geben, mit denen wir seine Liebe teilen können.

Vielleicht gibt es in Ihrem Leben eine spezielle Schranke – sei es Sünde oder seien es Umstände –, die Sie in dem Gefängnis Ihrer Einsamkeit eingeschlossen hält. Wenn dem so ist, will Gott Sie befreien und Sie hinausführen ins Glück.

Nur einer Art von Menschen kann Gott nicht aus ihrer Einsamkeit verhelfen: den Widerspenstigen. Solche Personen bleiben in der Dürre. Widerspenstigkeit ist wie eine Schranke, die durch unseren eigenen Willen aufgerichtet wird und die nur die betreffende Person niederreißen kann. Solange das nicht geschieht, werden wir weiterhin von der Gemeinschaft mit Gott und mit den Menschen ausgeschlossen sein.

Meine Antwort im Glauben

Herr, wenn ich durch Widerspenstigkeit zu einer einsamen Person geworden bin, dann hilf mir, diese Schranke niederzureißen.

STÄRKE, DIE NIE VERSAGT

„Auch wenn mein Leib und mein Herz verschmachten,
Gott ist der Fels meines Herzens
und mein Anteil auf ewig." Ps. 73,26

Diejenigen, die im Glauben wandeln, stehen in einem fortwährenden Spannungsverhältnis zwischen zwei Lebensweisen. Die eine ist sichtbar und äußerlich, die andere unsichtbar und ewig. Das Äußerliche schwindet dahin; es ist unbeständig. Aber im Inneren eines jeden Gläubigen gibt es etwas Ewiges – etwas von Gott, das direkt mit ihm verbunden ist, etwas, das nicht dahinschwindet oder vergeht.

Paulus schreibt über diese Spannung aus seiner eigenen Erfahrung heraus: „Darum werden wir nicht müde; wenn auch unser äußerer Mensch aufgerieben wird, der innere wird Tag für Tag erneuert ... denn das Sichtbare ist vergänglich, das Unsichtbare ist ewig" (2. Kor. 4,16,18).

Diese Worte erinnern mich immer an meine erste Frau, Lydia. Gegen Ende ihres Lebens litt sie an einem schwachen Herzen; dennoch war sie eine erstaunlich starke und aktive Frau bis fast zu ihrer letzten Woche auf Erden. Manchmal dachte sie, ihr physisches Herz würde versagen, aber sie bekannte dann immer wieder: „Auch wenn mein Leib und mein Herz verschmachten, Gott ist der Fels (die Stärke) meines Herzens und mein Anteil auf ewig." Von ihr habe ich die Lektion gelernt, dass das Äußerliche niemals das Innerliche bestimmen darf. In dem an Gott hingegebenen Leben sprudelt eine innere Quelle der Stärke, die nicht den Schwachheiten und Schwankungen unseres Körpers unterworfen ist.

Gott rief Lydia schließlich in einem gewaltigen Sieg heim, nachdem sie 50 Jahre in einem aktiven und fruchtbaren christlichen Dienst gestanden hatte. Sie hinterließ das Zeugnis eines Lebens, das den Vorrang und die Überlegenheit des Innerlichen gegenüber dem Äußerlichen deutlich gezeigt hat. Sie hatte gelernt, wie sie in ihrem Innern mit Gott, der wahren Quelle der Stärke, verbunden bleiben konnte.

MEINE ANTWORT IM GLAUBEN
Gott hilf mir, in einer solchen Weise zu leben, dass das Zeitliche niemals das Ewige bestimmt.

HEIMWEH

„Meine Seele verzehrt sich in Sehnsucht
nach dem Tempel des Herrn.
Mein Herz und mein Leib jauchzen ihm zu,
ihm, dem lebendigen Gott.
Auch der Sperling findet ein Haus
und die Schwalbe ein Nest für ihre Jungen –
deine Altäre, Herr der Heerscharen,
mein Gott und König.
Wohl denen, die wohnen in deinem Haus,
die dich allezeit loben.“ Ps. 84,3-5

Die Seele eines jeden Menschen sehnt sich nach einem: ein Heim zu haben. Eine heimatlose Person ist eine unglückliche Person – tatsächlich eine verlorene Person. Der Psalmist ruft aus innerer Bedrängnis heraus: „Herr, auch der Sperling findet ein Haus und die Schwalbe ein Nest für ihre Jungen. Ich brauche ebenfalls ein Zuhause.“

Der Sperling und die Schwalbe, die der Psalmist beschreibt, liefern ein Verhaltensmuster für jede verlorene und verwirrte Seele. Der Nistplatz, den sie sich als Heim erwählt haben, befindet sich in der Nähe der Altäre Gottes. An diesem Ort muss die Seele jedes Menschen ihr eigentliches Zuhause finden. Von Gott aus gesehen, stellt der Altar die Sühne für die Sünde und Versöhnung dar. Auf der menschlichen Seite steht er für Auslieferung und Hingabe an Gott. Hier ist das Zuhause der Seele, wo sie wahre Ruhe und Freude findet.

In der schottischen Großstadt Glasgow gibt es eine Hauptkreuzung, die als „das Kreuz" bekannt ist. Eines Tages traf ein stattlicher britischer „Bobby" während seiner Streife auf einen kleinen Jungen, der weinend am Straßenrand saß. „Ich habe mich verlaufen", sagte er dem Polizisten. „Ich weiß nicht, wie ich wieder nach Hause komme."

„Ich muss dich mit zur Polizeiwache nehmen", antwortete der Polizist und nahm den Jungen bei der Hand. Als sie „das Kreuz" erreichten, schaute sich der Junge für einen Moment um und rief dann aus: „Von hier aus kenne ich den Weg!" Er ließ die Hand des Polizisten los und rannte zuversichtlich nach Hause.

So geht es der Seele eines jeden Menschen, der zum Kreuz kommt. Von dort aus ist sie in der Lage, den Weg nach Hause zu finden.

Meine Antwort im Glauben

Herr, wie dein Diener damals habe auch ich Heimweh. Hilf mir, meinen Platz in der Nähe deines Altares zu finden.

EIN UNGETEILTES HERZ

„Weise mir, Herr, deinen Weg;
ich will ihn gehen in Treue zu dir.
Richte mein Herz darauf hin,
allein deinen Namen zu fürchten!
Ich will dir danken, Herr, mein Gott,
aus ganzem Herzen ...“ Ps. 86,11-12

Wollen wir wirklich Erfolg in unserem Wandel mit Gott sehen? Dann müssen wir auf diese Worte Davids sorgfältig achten, denn er rückt zwei wesentliche Bedingungen dafür in den Mittelpunkt.

Erstens: David offenbart unser Bedürfnis nach Belehrung, die nur von Gott her geschehen kann. „Weise mir, Herr, deinen Weg; ich will ihn gehen in Treue zu dir.“ Auf uns selbst gestellt, vermögen wir weder die Wahrheit Gottes zu erkennen noch sie umzusetzen. Wir können nur dann den Weg Gottes gehen, wenn er selbst uns diesen Weg in seiner Gnade weist.

Zweitens: David richtet seinen Blick auf die Einstellung des Herzens, die wir brauchen, um die Weisung Gottes zu empfangen und zu befolgen. In Vers 11 sagt er: „Richte mein Herz darauf hin ...“ oder anders übersetzt: „Gib mir ein ungeteiltes Herz.“ In Vers 12 fährt er fort: „Ich will dir danken ... aus ganzem Herzen.“ Zweimal betont er die Rolle des Herzens: „... ein ungeteiltes Herz ... aus ganzem Herzen ...“

Hierin besteht der kritische Punkt, wir sollen ein ungeteiltes Herz haben. Wir dürfen nicht zwei Herren dienen oder uns ein Hintertürchen offen lassen. Alle unsere Quellen müssen in Gott ihren Ursprung haben; alle unsere Erwartungen müssen von ihm stammen.

Ich habe im Leben aus Glauben entdeckt, dass die Auswahlmöglichkeiten desto geringer werden, je weiter wir in Gott voranschreiten. Der Weg wird immer schmaler. Letztendlich gelangen diejenigen ans Ziel, die ihre völlige Befriedigung in Gott gefunden haben. Es geht nicht darum, Gott plus sonst etwas zu besitzen, sondern Gott alleine zu haben. Unser Herz ist dann ungeteilt, wenn wir ausschließlich bei Gott unsere Befriedigung, unseren Frieden und unser Leben suchen.

MEINE ANTWORT IM GLAUBEN

Herr, ich entsage allem, was die Liebe meines Herzens in Anspruch nimmt, aber im Widerspruch zu meiner Loyalität zu dir steht.

IN DER EWIGKEIT ZU HAUSE

„Ehe die Berge geboren wurden,
die Erde entstand und das Weltall,
bist du, o Gott, von Ewigkeit zu Ewigkeit.
Denn tausend Jahre sind für dich wie der Tag,
der gestern vergangen ist, wie eine Wache in der Nacht.“

Ps. 90,2.4

Zwischen der Zeit und der Ewigkeit gibt es einen Unterschied, der qualitativer Art ist und nicht nur die Dauer betrifft. Die Berge wurden geboren. Die Erde und das Weltall entstanden. Dies alles steht in der Vergangenheitsform. Doch wenn der Psalmist sich an Gott richtet, sagt er: „Von Ewigkeit zu Ewigkeit *bist* du, o Gott.“ Es heißt nicht: „... *warst* du, o Gott“, sondern: „... *bist* du, o Gott.“ In Gott vereinigen sich Vergangenheit, Gegenwart und Zukunft. Er ist der, der ist und der war und der kommt (Offb. 1,4).

Gott lebt nicht in der Zeit, sondern in der Ewigkeit. Die Ewigkeit ist nicht nur eine sehr lange Zeitspanne; sie ist eine andere Art des Seins. Sie stammt aus einer anderen Welt und ist der Zeit überlegen. Bei Gott heißt es immer: „Du bist.“ Sein eigentlicher Name lautet „ICH BIN“ (2. Mos. 3,14).

Von der ruhevollen Erhabenheit der Ewigkeit aus betrachtet Gott die Zeit. Von dieser Perspektive aus sind tausend

Jahre mit Gott zusammen wie der Tag, der gestern vergangen ist, oder wie eine Wache in der Nacht. In biblischen Zeiten war die Nacht in vier Wachen zu je drei Stunden unterteilt. So sind tausend Jahre der Gemeinschaft mit Gott drei Stunden gleich, die wir erlebt haben und bereits vorüber sind.

Gott lädt jeden von uns ein, ihn persönlich kennen zu lernen, und öffnet uns deshalb die Tür, die aus der Zeit in die Ewigkeit führt. Unser Körper ist immer noch den Grenzen der Zeit unterworfen, aber unser Geist findet sein wahres Zuhause in der Ewigkeit.

„Das ist das ewige Leben: dich, den einzigen wahren Gott, zu erkennen und Jesus Christus, den du gesandt hast" (Joh. 17,3).

MEINE ANTWORT IM GLAUBEN

Herr, mein Geist soll sich bei dir in der Ewigkeit so zu Hause fühlen, dass ich niemals zu einem Gefangenen der Zeit werde.

DIE RICHTIGEN PRIORITÄTEN SETZEN

„Lehre uns unsere Tage richtig zählen,
dass wir ein weises Herz erlangen!" Ps. 90,12 (SchÜ)

Was bedeutet es, unsere Tage richtig zu zählen? Erlauben Sie mir, noch eine andere Frage zu stellen: Was ist die Sache in Ihrem Leben, die zu handhaben Ihnen am schwersten fällt und bei der Sie am meisten versagen? Viele Leute würden vielleicht geneigt sein zu antworten: Geld. Es ist aber meine Erfahrung, dass etwas anderes weitaus schwieriger zu handhaben ist und bei dem ich am meisten versage: Zeit! Ich glaube, dass die richtige Handhabung der Zeit die schwierigste Sache im Leben ist. Aus diesem Grunde ist der verantwortungsvolle Umgang mit der Zeit der höchste Test unserer persönlichen Disziplin und der Echtheit unserer Hingabe als Christen.

Aus meinem Herzen heraus wiederhole ich deshalb dieses Gebet des Psalmisten: *Lehre mich meine Tage richtig zählen*. Dies bedeutet praktisch: Lehre mich, meine Prioritäten in Ordnung zu bringen. Lehre mich, den wirklich wichtigsten Dingen genügend Zeit einzuräumen. Nur so kann ich „ein weises Herz erlangen".

In letzter Konsequenz zeigen die zeitlichen Prioritäten die wahren Werte an, die unser Leben bestimmen. Dinge, denen wir nur eine geringe Priorität zugestehen, werden wahrscheinlich am Ende der Liste wegfallen. Wenn wir den wirklich wichtigen Dingen – wie z. B. Beten und Bibellesen – keine hohe Priorität einräumen, wird unser ganzes Leben in Unordnung geraten. Wir mögen vielleicht dann versucht sein zu sagen: „Ich hatte nicht genügend Zeit." Aber die Wahrheit würde lauten: „Ich hatte meine Zeit nicht richtig eingeteilt."

Bevor es zu spät ist, stimmen Sie mit mir in das Gebet ein: *Lehre uns unsere Tage richtig zählen*.

Meine Antwort im Glauben

Herr, ich lege mein Leben vor dich wie ein leeres Blatt Papier und bitte dich, dass du durch deinen Geist darauf deine Prioritäten schreibst, die du für mich hast.

GEPFLANZT IM HAUSE GOTTES

„Der Gerechte gedeiht wie die Palme,
er wächst wie die Zedern des Libanon.
Gepflanzt im Hause des Herrn,
gedeihen sie in den Vorhöfen unseres Gottes.
Sie tragen Frucht noch im Alter
und bleiben voll Saft und Frische;
sie verkünden: Gerecht ist der Herr;
mein Fels ist er, an ihm ist kein Unrecht.“ Ps. 92,13-16

Das Leben eines wahrhaft gerechten Menschen wird hier mit zwei Bäumen verglichen: einer Palme und einer Zeder. Das wesentliche Kennzeichen einer Palme sind ihr hoher und aufrechter Wuchs und ihre Früchte in dem Wipfel des Baumes, die die Form einer Krone bilden. Die Zeder dagegen wird als die Königin der Bäume bezeichnet, weil sie überaus prachtvoll und sehr majestätisch wirkt. Dies ist das Abbild eines gerechten Menschen in seiner Reife.

Beide Bilder von der Gerechtigkeit finden jedoch nur Anwendung auf diejenigen, die im Hause des Herrn gepflanzt sind. Das Wort *gepflanzt* ist von Wichtigkeit. Es drückt beständige Hingabe aus. Ein bekanntes Gebet lautet: *Herr, hilf mir, dort zu blühen, wo ich eingepflanzt bin.*

Unglücklicherweise sind manche Christen niemals bereit, sich irgendwo einpflanzen zu lassen. Sie sind allezeit sehr aktiv, aber nie wirklich hingegeben. Sie fassen niemals Wurzeln und bringen daher auch zu keiner Zeit Frucht. Nur diejenigen, die bereit sind, sich einpflanzen zu lassen, werden bleibende Frucht tragen. Sie sind es, die noch im Alter Frucht hervorbringen. Sie sind ein sichtbares Zeugnis für die Treue Gottes. Durch ihr Leben verkünden sie: „Gerecht ist der Herr ... an ihm ist kein Unrecht.“

Wenn Sie das Wesen des Herrn verstehen wollen, dann schauen Sie das Leben eines gerechten Menschen in seiner

Reife an. Sie werden sehen, wie sich die Treue des Herrn in ihm widerspiegelt.

MEINE ANTWORT IM GLAUBEN
Ich entsage dem Reiz des Zeitlichen und bin bereit, die Hingabe zu vollziehen, die allein bleibende Frucht hervorbringt.

SEGENSREICHE DISZIPLIN

„Wohl dem Mann, den du, Herr, erziehst,
den du mit deiner Weisung belehrst.
Du bewahrst ihn vor bösen Tagen,
bis man dem Frevler die Grube gräbt.“ Ps. 94,12-13

Gott ist der erste und der größte aller Erzieher und Psychologen. Einige Jahre lang war ich Direktor eines Colleges, an dem Lehrer ausgebildet wurden. Durch meine damaligen Beobachtungen bekam ich eine neue Wertschätzung für die psychologischen Prinzipien der Heiligen Schrift im Bereich des Lehrens. Der Psalmist nennt hier das *Erziehen* vor dem *Belehren* und stellt so ein fundamentales Prinzip auf: *Ohne Erziehung kann es keine echte Belehrung geben.*

Hier taucht ein allgemeines Problem vieler zeitgenössischer Erziehungssysteme auf: Erziehung und Disziplin sind aufgegeben worden, und damit gibt es auch keine Belehrung mehr. Ich weiß aus eigener Erfahrung, dass ein Lehrer nicht wirklich belehren kann, wenn er nicht auch in der Lage ist zu erziehen und zu disziplinieren. Gott aber ist weiser als sie. Er versucht niemals, diejenigen zu belehren, die seine Erziehung und Disziplin verweigern.

Der Psalmist fährt fort, eine wunderbare Belohnung für denjenigen aufzuzeigen, der sich der Erziehung Gottes anvertraut und seine Belehrung annimmt: „Du bewahrst ihn vor bösen Tagen, bis man dem Frevler die Grube gräbt.“ In den verborgenen Abläufen der Zeitgeschichte gräbt Gott dem Frevler eine Grube. Er bereitet eine Zeit des Gerichtes und der Vergeltung vor. Gott hat sich aber dazu verpflichtet, diejenigen zu verschonen, die sich seiner Erziehung und Belehrung untergeordnet haben.

Somit werden wir mit zwei Alternativen konfrontiert: Wir können jetzt die Erziehung Gottes annehmen und vor seinem Gericht bewahrt werden. Oder wir können heute die Erziehung Gottes verweigern und seinem Gericht in den vor uns liegenden Zeiten entgegengehen.

Meine Antwort im Glauben
Ich unterordne mich jetzt mit Freuden deiner Erziehung und Disziplin, Herr, und ich vertraue dir, dass du mich in den kommenden schwierigen Zeiten bewahren wirst.

WENN MEIN FUSS WANKT

„Wenn ich sagte: Mein Fuß wankt!,
so unterstützte mich deine Güte, HERR.
Als viele unruhige Gedanken in mir waren,
beglückten deine Tröstungen meine Seele.“

Ps. 94,18-19 (rev. ElbÜ)

Eines fesselt mich an dem biblischen Gottesbild ganz besonders: Er ist so verständnisvoll. Er kennt unsere Schwachheiten, aber er lehnt uns deswegen nicht ab. Er verlangt von uns nicht, dass wir vor ihm oder vor der Welt eine Fassade der Stärke aufbauen, die es in Wirklichkeit gar nicht gibt. Alles, worum er uns bittet, besteht darin, ihm all das, was wir haben, aufrichtig und ernsthaft zu übergeben, ungeachtet dessen, wie unzulänglich es scheinen mag. Darüber hinaus reicht seine Gnade aus.

„Mein Fuß wankt!“, ruft der Psalmist aus. Er war dabei zu fallen und konnte sich selbst nicht retten. Als er aber seine Notsituation erkannte, kam ihm Gott zu Hilfe: „... so unterstützte mich deine Güte, HERR.“ Hier finden wir ein Muster, an das sich jeder von uns erinnern sollte. Wenn unser Fuß beginnt zu wanken und wir die Kontrolle verloren haben, verlangt Gott nicht von uns, dass wir uns selbst retten. Wir müssen ihm nur unsere Not anvertrauen, und schon wird seine Güte uns unterstützen und aufrechterhalten.

Im nächsten Vers beschreibt der Psalmist seine eigenen inneren Reaktionen: „Als viele unruhige Gedanken in mir waren, beglückten deine Tröstungen meine Seele.“ Gerade in Zeiten größter Angst und Unruhe überflutet Gott unsere Seele mit überwältigender Freude. Tatsächlich, je größer der Druck ist, unter dem wir stehen, desto wunderbarer ist unsere Erfahrung, wenn Gott uns tröstet.

In 2. Kor. 1,8-9 beschreibt Paulus eine solche Erfahrung: „Wir wollen euch die Not nicht verschweigen, Brüder, die ... über uns kam und uns über alles Maß bedrückte; unsere Kraft war erschöpft, so sehr, dass wir am Leben verzweifelten. Aber wir haben unser Todesurteil hingenommen, weil wir unser Vertrauen nicht auf uns selbst setzen wollten, sondern auf Gott, der die Toten auferweckt.“

Meine Antwort im Glauben

Wenn mein Fuß zu wanken beginnt, Gott, hilf mir, daran zu denken, dass deine Güte mich unterstützen wird.

ZUGANG ZU GOTT DURCH ANBETUNG

„Kommt, lasst uns jubeln vor dem Herrn
und zujauchzen dem Fels unseres Heiles!
Lasst uns mit Lob seinem Angesicht nahen,
vor ihm jauchzen mit Liedern!
Kommt, lasst uns niederfallen,
uns vor ihm verneigen,
lasst uns niederknien vor dem Herrn,
unserem Schöpfer!
Ach, würdet ihr doch heute auf seine Stimme hören!
‚Verhärtet euer Herz nicht ...'" Ps. 95,1-2.6.7b-8

Hier finden wir eine wunderbare Reise beschrieben, durch die wir in die unmittelbare Gegenwart Gottes gelangen. Sie beginnt mit lautem und jubilierendem Lobpreis und mit Danksagung: „Lasst uns jubeln und zujauchzen ..." Gott ermutigt uns, unseren Lobpreis und unsere Danksagung freimütig auszudrücken. Wir alle bedürfen der geistlichen Freisetzung, die daraus entspringt.

Während wir dann weitergehen, ändert sich die Stimmung: „Kommt, lasst uns niederfallen, uns vor ihm verneigen, lasst uns niederknien vor dem Herrn, unserem Schöpfer!" Lobpreis und Danksagung führen uns zur Anbetung. Anbetung ist weniger das, was wir tun und sagen, als vielmehr eine Haltung. Das bedeutet, dass wir uns verneigen und niederknien, bisweilen uns sogar ausgestreckt auf dem Boden vor Gott hinlegen. Jeder Bereich unseres Seins und jeder Teil unserer Persönlichkeit ist dabei beteiligt. Alles in uns stimmt darin überein, dass wir uns Gott vollständig und uneingeschränkt unterordnen.

Wenn wir diese Haltung der Anbetung eingenommen haben, sind wir in der Lage zu hören, wie Gott direkt zu uns spricht. Aus diesem Grund fährt der Psalmist fort: „Ach, würdet ihr doch heute auf seine Stimme hören!" Dies führt uns einen Schritt weiter über solche Aktivitäten wie Beten und Bibellesen hinaus – so wichtig sie auch sein mögen. Unser Geist erhält die Möglichkeit der direkten Kommunikation mit Gott.

Der Weg, den der Psalmist hier beschreibt, führt uns über Lobpreis und Danksagung hinaus in die Anbetung und Stille vor Gott. Er kann uns in ein Land der Freude und der Fülle leiten, wie es sich unser natürlicher Verstand nie hätte träumen lassen. Von diesem Land heißt es: „... was kein Auge gesehen und kein Ohr gehört hat, was keinem Menschen in den Sinn gekommen ist: das Große, das Gott denen bereitet hat, die ihn lieben" (1. Kor. 2,9).

MEINE ANTWORT IM GLAUBEN
Führe mich, Herr, auf diesem Weg, der mich in deine unmittelbare Gegenwart bringt.

EIN NEUES LIED

„Singet dem Herrn ein neues Lied,
singt dem Herrn, alle Länder der Erde!" Ps. 96,1

Die Psalmen sind voll von Aufforderungen, Gott mit Liedern zu preisen. Die hier zitierte Ermahnung beinhaltet eine spezielle Herausforderung. Der Herr möchte von uns ein *neues* Lied haben. Er will niemals, dass unser Lobpreis alt oder abgestanden ist oder in Rituale oder Routine entartet. Wie können wir immer mit einem neuen Lied aufwarten?

In Eph. 5,18-19 zeigt uns Paulus den Weg auf: „... lasst euch vom Geist erfüllen! Lasst in eurer Mitte Psalmen, Hymnen und Lieder erklingen, wie der Geist sie eingibt." Ein solcher Lobpreis, den der Herr verlangt und den Paulus beschreibt, kann nur einem Herzen entspringen, dass auf übernatürliche

Weise vom Heiligen Geist erfüllt ist. Die Erfüllung mit dem Heiligen Geist ist eine unerlässliche Voraussetzung.

Aus der Fülle des Heiligen Geistes heraus entspringen drei Arten des Lobpreises: Psalmen, Hymnen und geistgewirkte Lieder. Die Psalmen sind für uns bereits niedergeschrieben in den inspirierenden Worten der Heiligen Schrift. Zu der Kategorie der Hymnen zählen die großartigen, vertrauten Kirchenlieder, die unseren gemeinsamen Glauben ausdrücken. Geistgewirkte Lieder aber werden nicht im Voraus komponiert. Sie werden spontan vom Heiligen Geist gegeben. Sie sind wirklich „neue" Lieder.

Jedesmal, wenn wir in der Anbetung in die Gegenwart Gottes treten und einen flüchtigen Einblick in seine Gnade oder Herrlichkeit erhaschen, den wir bisher nicht gehabt haben, gibt uns der Heilige Geist ein neues Lied als einen Ausdruck dieser neuen Offenbarung. Dieses Lied mag in unserer eigenen Sprache oder in einer geistgewirkten sein. In jedem Fall ist es eine spontane Antwort auf eine frische Offenbarung Gottes. Auf diese Weise bleibt unsere Anbetung immer genauso frisch wie die Offenbarung Gottes, durch die er uns mehr von sich selbst enthüllt.

MEINE ANTWORT IM GLAUBEN

Heiliger Geist, schenke mir Lieder, um den Herrn anzubeten, Lieder, die genauso frisch sind wie seine Gnade.

IN ERWARTUNGSVOLLER VORFREUDE

„Der Himmel freue sich, die Erde frohlocke,
es brause das Meer und alles, was es erfüllt.
Es jauchze die Flur und was auf ihr wächst.
Jubeln sollen alle Bäume des Waldes vor dem Herrn,
wenn er kommt, wenn er kommt,
um die Erde zu richten.
Er richtet den Erdkreis gerecht
und die Nationen nach seiner Treue." Ps. 96,11-13

„Denn die ganze Schöpfung wartet sehnsüchtig auf das Offenbarwerden der Söhne Gottes. Die Schöpfung ist der Vergänglichkeit unterworfen, nicht aus eigenem Willen ..." (Röm. 8,19-20). Durch seine Rebellion gegen seinen Schöpfer brachte der Mensch Verderben und Verfall über die ganze natürliche Welt, die ihn umgab. Was durch den Fall des Menschen zerstört wurde, kann nur durch seine Erlösung wiederhergestellt werden. Auf diesen Höhepunkt wartet die ganze Natur. Allzu oft verliert dies der Mensch selbst aus den Augen, aber die Vorfreude der Natur wächst von Mal zu Mal.

Mit einer durch den Heiligen Geist verliehenen Erkenntnis interpretiert hier der Psalmist die stumme Sehnsucht der ihn umgebenden natürlichen Welt. In seinem Geist verspürt er eine stille Vorfreude, die mit der Stille eines Konzertsaales vergleichbar ist, während der Dirigent mit erhobenem Taktstock auf sein Orchester blickt und sich vergewissert, ob jeder Musiker für die ersten Klänge bereit ist. Der Himmel droben und die Erde hier unten, das Meer, die Felder und die Bäume – sie alle erwarten das Kommen des Herrn, der das wiederherstellt, was durch den Fall des Menschen verloren ging. Zu diesem Zeitpunkt werden sie – wie das Orchester, während sich der Taktstock senkt – in eine Symphonie des Lobpreises und des Jubels ausbrechen.

Wie steht es mit Ihnen und mir? Sind wir in gleicher Weise wie die Natur für den großen Höhepunkt bereit? Möge Gott geben, dass Sie und ich erwartungsvoller und begeisterter sein werden als die Bäume, die Felder, das Meer und der Himmel!

MEINE ANTWORT IM GLAUBEN

Durch deinen Geist, Herr, erhalte mich in beständiger und begeisterter Vorfreude auf dein Kommen.

TORE DES LOBPREISES

„Tretet mit Dank durch seine Tore ein!
Kommt mit Lobgesang in die Vorhöfe seines Tempels!
Dankt ihm, preist seinen Namen!
Denn der Herr ist gütig, ewig währt seine Huld,
von Geschlecht zu Geschlecht seine Treue." Ps. 100,4-5

Wie wichtig ist es für jeden von uns, den Weg in die Gegenwart Gottes zu kennen! Wie treten wir durch seine Tore ein? Wie kommen wir in seine Vorhöfe hinein? Der Psalmist zeigt uns den von Gott bestimmten Weg auf! Nur wenn wir mit Danksagung und Lobpreis zu Gott kommen, steht uns der Weg in seine Gegenwart offen.

Der Prophet vergleicht die Gegenwart Gottes unter seinem Volk mit einer Stadt und sagt von ihr: „... deine Mauern sollen ‚Heil' und deine Tore ‚Lob' genannt werden" (Jes. 60,18/SchÜ). Der einzige Weg durch jene Mauern des Heils hindurch führt durch die Tore des Lobpreises. Solange wir nicht gelernt haben, uns Gott mit Lobpreis zu nahen, steht uns der Weg in seine Gegenwart nicht offen.

Wenn wir mit dieser Anforderung konfrontiert werden, könnten wir versucht sein, die Situation um uns herum zu betrachten und zu fragen: „Aber wofür soll ich Gott danken? Warum soll ich ihm Lobpreis bringen?" Vielleicht gibt es in unserer unmittelbaren Umgebung nichts, weswegen wir Gott danken oder preisen können. Genau an diesem Punkt kommt uns der Psalmist zu Hilfe. Er liefert uns drei Gründe für Dankbarkeit und Lobpreis, die nicht von unseren Umständen berührt werden. Erstens: Der Herr ist gütig. Zweitens: Seine Huld währt ewig. Drittens: Seine Treue währt von Geschlecht zu Geschlecht. Alle drei sind ewige, unwandelbare Fakten. Wenn wir wirklich daran glauben, dann bleibt uns keine andere Alternative, als Gott dafür zu preisen – und zwar fortwährend!

MEINE ANTWORT IM GLAUBEN

Ich glaube an Gottes unwandelbare Güte, Huld und Treue, und ich will niemals aufhören, ihn dafür zu preisen.

DIE STUNDE IST DA

„Meine Tage schwinden dahin wie Schatten,
ich verdorre wie Gras.
Du aber, Herr, thronst für immer und ewig,
dein Name dauert von Geschlecht zu Geschlecht.
Du wirst dich erheben, dich über Zion erbarmen;
denn es ist Zeit, ihr gnädig zu sein,
die Stunde ist da.
Denn der Herr baut Zion wieder auf
und erscheint in all seiner Herrlichkeit.“ Ps. 102,12-14.17

Hier wird uns das Bild eines Mannes in tiefer Niedergeschlagenheit und Einsamkeit gezeigt. Er verspürt, dass sein Leben abnimmt wie die Abenddämmerung und ihm nur noch wenig Zeit verbleibt. Er sagt: „Ich verdorre wie Gras.“ Können Sie sich vielleicht in einer Ihrer Erfahrungen mit ihm identifizieren? Wie würden Sie darauf reagieren?

Der hier beschriebene Mann traf die richtige Entscheidung. Er schaute von sich selbst und seiner Situation weg. Im Glauben hob er seine Augen auf zu dem Herrn auf dem Thron. Er erkannte, dass sich der Herr nicht zusammen mit unseren Umständen verändert. Er sitzt immer auf seinem Thron. Er dankt niemals ab.

Aus diesem veränderten Blickwinkel heraus kam eine prophetische Offenbarung: Die Stunde ist da. Der Herr hat eine Zeit festgesetzt, in der er mit seinem Volk barmherzig ist und es in seiner Gnade wiederherstellt. Der hier mit *die Stunde ist da* übersetzte hebräische Ausdruck bezeichnet gewöhnlich die in Israels Kalender festgesetzten, religiösen Feste wie das Passah-, Pfingst- und Laubhüttenfest. In gleicher Weise ist in Gottes prophetischem Kalender eine spezielle Zeit in der menschlichen Geschichte für die Wiederherstellung Zions festgesetzt.

Wir haben heutzutage das einzigartige Privileg, in genau jener Zeit zu leben, die der Psalmist vorhersah. Wieviel mehr sollten wir in unserer Entscheidung seinem Beispiel folgen. Wir wollen von unseren Problemen und Ängsten wegsehen. Unsere Augen wollen wir auf den Herrn, der auf seinem Thron sitzt, richten und erkennen, dass er dabei ist, Zion wiederherzustellen, und sich vorbereitet, in seiner Herrlichkeit zu erscheinen.

Meine Antwort im Glauben

Im Glauben blicke ich jetzt auf dich, Herr, der du auf deinem Thron sitzt, und ich weiß, dass du mir gerne gnädig bist.

ZUM LOBPREIS ERSCHAFFEN

„Denn der Herr baut Zion wieder auf
und erscheint in all seiner Herrlichkeit.
Er wendet sich dem Gebet der Verlassenen zu,
ihre Bitten verschmäht er nicht.
Dies sei aufgeschrieben für das kommende Geschlecht,
damit das Volk, das noch erschaffen wird,
den Herrn lobpreise." Ps. 102,17-19

Der Psalmist weist hier auf ein großes Zeichen dafür hin, dass das Kommen des Herrn nahe ist. „Denn der Herr baut Zion wieder auf und erscheint in all seiner Herrlichkeit." Der Wiederaufbau Zions muss der Wiederkunft des Herrn in Herrlichkeit vorausgehen und diese vorbereiten. Genau das findet heutzutage statt. Der Herr stellt die Nation Israel wieder her und baut sie wieder auf. In gleicher Weise vollzieht sich die Wiederherstellung und der Wiederaufbau der christlichen Gemeinde. Dies liefert uns neben manchem anderen einen deutlichen Beweis dafür, dass der Herr bereit ist, in seiner Herrlichkeit zu erscheinen.

Zur gleichen Zeit, so sagt uns der Psalmist, wendet sich der Herr dem Gebet der Verlassenen zu. Eine lange Zeit hat Gottes Volk zu ihm gerufen, und oft schien das Rufen nicht beantwortet zu werden. Der Tag aber kommt, an dem Millionen und aber Millionen von Gebeten innerhalb einer kurzen Zeitspanne erhört werden, indem Gott in einzigartiger Weise eingreift: durch die persönliche Wiederkunft des Herrn Jesus Christus.

Der Psalmist spricht ebenfalls von diesem Zeitabschnitt als einer ganz besonderen Epoche, in der ein Volk erschaffen wird, das den Herrn lobpreist. Wiederum weist er hier auf etwas hin, das heute geschieht: die Wiederherstellung des Lobpreises. Das Volk Gottes ist viele Jahrhunderte hinweg so nachlässig gewesen, ihn zu preisen, dass er heutzutage tatsächlich ein

Volk zu einem ganz bestimmten Zweck erschafft: dass es ihn lobpreisen möge.

Ein logisches Thema zieht sich durch diese Verse. Wenn wir einmal verstanden haben, was Gott in diesen Tagen für sein Volk tut, dann werden wir in unseren Herzen unweigerlich um Gnade bitten, damit wir ihm den Lobpreis zukommen lassen können, der ihm gebührt.

MEINE ANTWORT IM GLAUBEN

Herr, lass mich ein Teil der Generation sein, die deine Wiederkunft im Lobpreis willkommen heißt.

UNERMESSLICHE LIEBE UND GÜTE

„Denn so hoch der Himmel über der Erde ist,
so übermächtig ist seine Güte über denen,
die ihn fürchten.
So fern der Osten ist vom Westen,
hat er von uns entfernt unsere Übertretungen."

Ps. 103,11-12 (rev. ElbÜ)

David war weder ein Astronom noch ein Geograph, aber sicher war er durch den Heiligen Geist inspiriert. Auf seiner Suche nach einem Maßstab für die Größe der Liebe und Güte Gottes vergleicht er sie mit der Ausdehnung des Himmels. Heutzutage sind wir in einer glücklicheren Lage als David damals, wenn es darum geht, die Bedeutung dieser Worte zu erahnen. Die Astronomen berichten uns von zahllosen Millionen von Galaxien, die alle weit größer sind als unsere Galaxie, zu der auch unsere Sonne gehört. Die Fakten, die uns darüber berichtet werden, sind so gewaltig, dass sie kein menschlicher Verstand auch nur im Entferntesten ganz verstehen kann. So verhält es sich mit der Liebe und Güte Gottes.

Jenseits dessen, was unser begrenzter Verstand erfassen kann, gibt es noch so gewaltig vieles, das unsere Vorstellungskraft übersteigt.

David beschreibt weiter die Art, wie Gott mit unserer Schuld umgeht: „So fern der Osten ist vom Westen, hat er von uns entfernt unsere Übertretungen." Wir sollten dankbar sein, dass David nicht die Entfernung von Nord nach Süd als Maßstab genommen hat! Diese Entfernung ist begrenzt und meßbar. Aber die Entfernung von Ost nach West ist unbegrenzt. Es spielt keine Rolle, wie weit wir ostwärts reisen; der Osten ist immer noch so weit entfernt wie zu Beginn unserer Reise. Wenn wir in die entgegengesetzte Richtung nach Westen gehen, trifft die gleiche Feststellung sinngemäß auch hier zu.

Auf diese Weise wird Gott mit unserer Schuld fertig, wenn er uns einmal vergeben hat. Er entfernt sie so weit von uns, dass wir sie niemals mehr erreichen können. Wie töricht wäre es deshalb von uns, wenn wir uns durch etwas beunruhigen oder verdammen ließen, was Gott selbst ein für allemal außerhalb unserer Reichweite deponiert hat.

Meine Antwort im Glauben

Ich nehme Gottes Liebe und Güte in ihrer unendlichen Größe und seine allumfassende Vergebung an.

DURCH GOTTES VERHEISSUNG GELÄUTERT

„Er [Gott] sandte einen Mann vor ihnen her,
Joseph ward zum Sklaven verkauft!
Sie zwangen seinen Fuß in einen Stock;
seine Seele geriet in Fesseln;
bis zur Zeit, da sein Wort eintraf
und der Ausspruch des Herrn ihn geläutert hatte.“

Ps. 105,17-20 (SchÜ)

Das Leben Josephs begann mit einer großen Verheißung. Schon früh in seiner Jugend gab der Herr ihm einen Traum, in dem ihm gezeigt wurde, dass er in eine Stellung mit großer Autorität erhoben werden würde. Er sollte über seine Brüder regieren. Sogar sein Vater und seine Mutter würden kommen und sich vor ihm verneigen. Was aber geschah als Nächstes? Genau das Gegenteil von dem, was Gott verheißen hatte. Seine Brüder betrogen ihn und verkauften ihn als Sklaven nach Ägypten. Dort landete er wegen seiner Treue zu seinem ägyptischen Hausherrn schließlich im Gefängnis und wurde mit Eisenketten gefesselt.

Wie reagierte Joseph nun auf diese Situation? Sagte er zu sich: „Es ist alles schiefgelaufen. Die Verheißung des Herrn wird sich nie erfüllen“? Nein, ich glaube nicht, dass er so redete. In Joseph fand ein Prozess statt: Er wurde geläutert. „... bis zur Zeit, da sein Wort eintraf und der Ausspruch des Herrn ihn geläutert hatte.“

Wenn der Herr uns ein Wort der Verheißung gibt, setzt er auch die Zeit für ihre Erfüllung fest. In der Zwischenzeit nehmen die Ereignisse einen solchen Verlauf, der das genaue Gegenteil von dem zu sein scheint, was Gott verheißen hat. In einer solchen Situation müssen wir wie Joseph handeln. Wir müssen an der Verheißung festhalten und dürfen nicht versucht sein zu glauben, dass Gott versagt oder uns vergessen hätte. Die Verheißung, die Gott uns gab, läutert uns, damit deutlich wird, wie wir uns in der dunkelsten Stunde verhalten werden. Wenn die Läuterung erfolgreich ist und Gottes Zeit gekommen, wird die Verheißung wie bei Joseph für uns in Erfüllung gehen.

MEINE ANTWORT IM GLAUBEN
Ich will Gottes Läuterung annehmen, weil sie das Vorspiel der Erfüllung seiner Verheißung ist.

DAS WUNDER DER ERLÖSUNG

„Er führte sein Volk heraus mit Silber und Gold;
in seinen Stämmen fand sich kein Schwächling." Ps. 105,37

Der Psalmist beschreibt hier die Erlösung Israels aus Ägypten unter der Leitung des Mose. Durch die Inspiration des Heiligen Geistes richtet er seinen Blick auf zwei Aspekte: den finanziellen und den physischen. Finanziell gesehen, wurde das Volk mit Silber und Gold herausgeführt. In physischer Hinsicht fand sich in seinen Stämmen kein Schwächling. Unter den drei Millionen Menschen gab es keinen, der krank oder schwach gewesen ist oder der die vor ihnen liegende Wüstenwanderung nicht antreten konnte.

Genau 24 Stunden vorher waren eben diese Leute noch unterprivilegierte Sklaven, die über Jahrhunderte hinweg in Armut und Unterdrückung ihr Dasein gefristet hatten. Wodurch wurde dieser dramatische Wandel erreicht? Nur durch eines: durch das Passah-Lamm. Als sie sein Blut an ihre Türpfosten strichen und sein Fleisch aßen, wurden sie selbst und ihre Situation völlig verändert. Ihre Armut verwandelte sich in Reichtum und ihre Schwäche in Stärke. Ein eingeschüchterter Haufen mauserte sich zu einer Armee, die in Reih und Glied marschierte.

So verhält es sich mit der Erlösung Gottes in ihrer Fülle. Sie bezieht sich nicht nur auf unsere „Seele". Sie umfasst in gleicher Weise den physischen und den finanziellen Bereich. Jeder Teil unserer Persönlichkeit und jede Not in unserem Leben ist darin enthalten.

Die Erlösung Israels durch das Passah-Lamm wies im Voraus auf eine größere Erlösung hin, die durch das Lamm Gottes, Jesus Christus, geschehen sollte. Paulus erinnert uns Christen daran: „Denn auch für uns ist ein Passah-Lamm geschlachtet worden: Christus" (1. Kor. 5,7/SchÜ). Das Opfer Christi umfasst alles, wozu das Passah-Lamm in Ägypten geschlachtet worden war. Aber es geht noch weiter: Es muss niemals wiederholt werden und ist bis in Ewigkeit wirksam und gültig.

MEINE ANTWORT IM GLAUBEN
Gib mir den Glauben, Herr Jesus, all das zu empfangen, was du durch dein Opfer für mich erreicht hast.

ÜBERSCHATTET

„Eine Wolke breitete sich aus, um sie zu decken,
und Feuer, um die Nacht zu erleuchten." Ps. 105,39

Dieser Vers beschreibt, wie der Herr sein Volk Israel auf ihrer vierzigjährigen Reise durch die Wüste Sinai geleitet und beschützt hat. Tagsüber breitete er eine Wolkendecke aus, und nachts gab er ihnen Feuer, das ihnen sowohl Licht als auch Wärme spendete. Als ich Soldat im Zweiten Weltkrieg war, habe ich eine Reise von sieben Tagen und Nächten durch eben diese Wüste Sinai unternommen. Dort habe ich etwas kennen gelernt, das meine Wertschätzung für die Wunder der Versorgung Gottes überaus vergrößert hat. Tagsüber ist die Wüste äußerst heiß, aber nachts wird es bitterkalt.

Ich verstand, wie wunderbar die Versorgung Gottes war. Am Tage diente die Wolke als Schild, das sie vor der Hitze der Sonnenstrahlen schützte. In der Nacht aber war es die Feuersäule, die ihnen Licht und die notwendige Wärme spendete. Auf diese Weise führte Gott sein Volk 40 Jahre lang durch die Wüste.

Für uns als Christen veranschaulicht die Wolkensäule, die Israel geleitet hat, in lebhafter Weise die Rolle des Heiligen Geistes in unserem Leben. Paulus sagt uns: „Denn alle, die sich vom Geist Gottes leiten lassen, sind Söhne Gottes" (Röm. 8,14).

So, wie Gott Israel in der Wüste durch die Wolke geführt hat, so leitet er uns in dieser Welt durch seinen Heiligen Geist. Was die Wolke für Israel bedeutete, ist der Heilige Geist für uns. In Zeiten der Hitze überschattet er uns. In dunklen Zeiten gibt er uns Licht. Wenn es um uns herum kalt wird, spendet er uns übernatürliche Wärme. In jeder Situation werden die Klimaveränderungen unserer Umgebung durch seine Gegenwart ausgeglichen.

Dies alles drückt der Titel umfassend aus, mit dem Jesus seinen Jüngern den Heiligen Geist verhieß: der Tröster.

Meine Antwort im Glauben

Hilf mir, Herr, von deinem Geist fortwährend geleitet und überschattet zu werden.

GOTT IST IM FELSEN

„Er öffnete den Felsen, und Wasser entquoll ihm,
wie ein Strom floss es dahin in der Wüste." Ps. 105,41

Hier finden wir ein Bild von der Versorgung Gottes für sein Volk Israel während der vierzigjährigen Wüstenwanderung. Die Wüste war ein trockenes und unfruchtbares Land, in dem es keine Flüsse, keine Bäche und keine Tümpel gab und in dem fast kein Wasser vorhanden war. Dennoch versorgte sie Gott mit Wasser im Überfluss, und zwar auf eine höchst ungewöhnliche Weise: aus einem Felsen heraus. Wenn man sich in der Wüste einen Felsen anschaut, so wie ich es zahllose Male getan habe, dann erscheint der Fels hart und unnachgiebig. Was könnte je aus ihm entspringen?

In der äußeren Erscheinung eines Felsens jedoch – so verstehen wir es – war Gott selbst mitten unter seinem Volk, „denn sie tranken aus dem lebensspendenden Felsen, der mit ihnen zog. Und dieser Fels war Christus" (1. Kor. 10,4). Gott selbst war der Fels, und aus ihm selbst heraus entsprang die Versorgung seines Volkes im Überfluss.

Es war ebenfalls wichtig, dass Israel verstand, wie es sich dem Felsen nähern sollte. Einmal wurde Mose befohlen, ihn zu schlagen. Ein anderes Mal wurde ihm aufgetragen, zu ihm zu sprechen. Wann immer Mose sich ihm im Glauben und Gehorsam näherte, entquoll diesem scheinbar trockenen und unwirklichen Felsen ein Schwall von Wasser, der wie ein Strom in der Wüste floss.

So ist es oft in unserem Leben. Manchmal befinden wir uns in einer Zeit der Trockenheit, in der wir scheinbar keine Versorgung erfahren. Und doch ist Gott da. Er ist da in der Gestalt eines Felsens, der anscheinend hart und unnachgiebig ist. Die Versuchung ist groß, uns von ihm abzuwenden. Wenn wir aber darin Gott erkennen und uns ihm im Glauben und Gehorsam nähern, wird der Fels zur Quelle unserer Versorgung.

Meine Antwort im Glauben

Lehre mich, Herr, dich in dem Felsen zu erkennen und mich dir in der richtigen Weise zu nahen.

GEFÄHRLICHE BITTEN

„Doch sie vergaßen schnell seine Taten,
wollten auf seinen Ratschluss nicht warten.
Sie wurden in der Wüste begehrlich
und versuchten Gott in der Öde.
Er gab ihnen, was sie von ihm verlangten;
dann aber erfasste sie Ekel und Überdruss." Ps. 106,13-15

Gott hatte Israel aus Ägypten gerettet. Er hatte für sie erstaunliche Wunder vollbracht. Bei all ihren Wüstenwanderungen hatte er für sie gesorgt. Sie litten keinen Mangel, dem er nicht abgeholfen hatte. Aber Israel beging zwei tragische Fehler. Der erste war Vergesslichkeit: „Sie vergaßen schnell seine Taten." Der zweite war Ungeduld: „Sie ... wollten auf seinen Ratschluss nicht warten."

Als Nahrung versorgte Gott Israel mit Manna, dem „Brot vom Himmel", das ihre Ernährung vollkommen sicherstellte. Das Volk aber verschmähte diese übernatürliche Versorgung. Stattdessen verlangten sie in ihrem übermäßigen Appetit nach Fleisch. Gottes Antwort bestand darin, dass ein Wind so viele Wachteln in ihr Lager trug, dass sie bis an ihre Knie von Wachteln umgeben waren. Als dann die Leute begannen, die Wachteln zu verspeisen, wurden sie mit Krankheit geschlagen und starben. Auf diese Situation bezieht sich die Bemerkung des Psalmisten: „Er gab ihnen, was sie von ihm verlangten, dann aber erfasste sie Ekel und Überdruss."

Wir müssen von Israels Geschick lernen und uns vor diesen zwei eng miteinander verbundenen Fehlern der Vergesslichkeit und der Ungeduld hüten. Auch wir können in Versuchung geraten, die Versorgung Gottes zu verachten und zu meinen, wir wüssten besser als er, was wir benötigen. Dann beginnen wir mit unseren eigenwilligen Wünschen auf Gott einzustürmen. In einer solchen Situation wäre das Schlechteste, was Gott tun könnte, uns zu geben, wonach uns verlangt. Denn wenn er das täte, würde uns „Ekel und Überdruss erfassen".

Meine Antwort im Glauben
Ich will niemals mit einer Bitte auf Gott einstürmen, die, wenn er sie erfüllte, in mir Überdruss hervorrufen würde.

AN DER PFORTE DES TODES

„Die Toren, die wegen ihrer Übertretung
und um ihrer Missetaten willen geplagt wurden,
dass ihrer Seele vor aller Nahrung ekelte
und sie nahe waren den Pforten des Todes.
Da schrien sie zum Herrn in ihrer Not
und er rettete sie aus ihren Ängsten.
Er sandte sein Wort und machte sie gesund
und ließ sie ihren Gräbern entrinnen ...“

Ps. 107,17-20 (SchÜ)

„Die Toren, die wegen ihrer Übertretung ... geplagt wurden ...“ Natürlich bezieht sich diese Beschreibung nicht auf Sie oder mich! Sicherlich handelt es sich dabei um Leute aus einer anderen Gruppe oder mit einem anderen Problem. Oder könnte es vielleicht doch sein, dass Sie und ich bisweilen durch unsere Torheit und Rebellion unsere eigenen Krankheiten auf uns bringen? Auf jeden Fall sind die hier beschriebenen Menschen am Ende angelangt. Sie haben keinen Appetit mehr und liegen, ohne Hoffnung auf menschliche Hilfe, an der Pforte des Todes.

In ihrer äußersten Verzweiflung wenden sie sich schließlich an Gott. Sie haben freilich viel zu lange mit dem Beten gewartet, und doch kommt ihnen Gott in seiner Gnade zu Hilfe. Seine Gnade ist eine dreifache: Er rettet, er heilt und er lässt entrinnen, d. h. er befreit. Auf diese dreifache Weise begegnet Gott den grundsätzlichen Nöten der Menschheit: Er rettet von Sünde; er heilt von Krankheit; er befreit uns von der Macht Satans.

In allen Fällen kommt Gottes Antwort durch sein Wort. „Er sandte sein Wort“ – um zu retten, zu heilen und zu befreien. Hier finden wir eine Offenbarung von größter Wichtigkeit: Unsere Probleme mögen verschiedenartig sein, Gottes Antwort aber kommt zu jedem von uns durch den gleichen Kanal – sein Wort.

Vielleicht haben Sie zu Gott um Hilfe gerufen und glauben, er habe Ihnen nicht geantwortet. Schauen Sie wieder in sein Wort hinein! Bitten Sie den Heiligen Geist, Ihnen zu helfen! Dann werden Sie die Antwort finden.

MEINE ANTWORT IM GLAUBEN

Herr, ich glaube, dass du die Antwort, die ich brauche, in deinem Wort bereithältst. Hilf mir, sie dort zu finden.

GOTTES PLAN FÜR MEINE ZUNGE

„Gefestigt ist mein Herz, o Gott!
Ich will singen und spielen.
Wach auf, meine Ehre!“ Ps. 108,2 (rev. ElbÜ)

David hat eine feste Entscheidung getroffen: Ganz gleich, was auch geschieht, er wird den Herrn preisen. Dies ist die einzig tragfähige Grundlage für den Lobpreis, der Gott wirklich verherrlicht. Wenn unser Lobpreis nur aus unseren Gefühlen oder Umständen heraus entsteht, wird er so unsicher und schwankend sein wie jene auch. Lobpreis muss – wie bei David – auf einer festen Entscheidung unseres Willens gegründet sein.

David traf seine Entscheidung aus einer besonderen Einsicht heraus, die in dem letzten Satz des Verses enthalten ist: „Wach auf, meine Ehre!“ Was hatte er im Sinn, als er sagte: „meine Ehre!“? Dies ist einer der Fälle, in denen sich die Bibel am besten selbst erklärt. In Psalm 16,9 benutzt David wörtlich den gleichen Ausdruck: „Meine Ehre frohlockt.“ Petrus zitiert in Apg. 2,26 diesen Vers, verändert aber ein bedeutsames Wort: „Meine Zunge frohlockt." Somit sind die Worte *Ehre* und *Zunge* gleichbedeutend.

Was für eine wunderbare Einsicht! Meine Zunge ist meine „Ehre"! Beachten Sie, welche Auswirkungen das hat! Warum gab mein Schöpfer mir eine Zunge? Um ihn mit dem Lobpreis meiner Zunge zu verherrlichen. Meine höchste Pflicht im Leben besteht darin, Gott zu verherrlichen, aber von allen Gliedern meines Leibes ist ein Glied speziell für diese Aufgabe geschaffen worden: meine Zunge. Nur indem ich Gott mit meiner Zunge verherrliche, gebrauche ich sie richtig. Jeder andere Gebrauch wäre Missbrauch.

Daher will ich die gleiche Entscheidung wie David treffen: meine Zunge immer und ausschließlich zu dem Zweck einsetzen, für den sie geschaffen wurde.

MEINE ANTWORT IM GLAUBEN

Mit einer Entscheidung meines Willens lege ich mich jetzt fest, meine Zunge zu dem Zweck einzusetzen, für den Gott sie mir gegeben hat.

AM TAG DER SCHLACHT

„Dein Volk kommt freiwillig
am Tage deines Kriegszuges;
in heiligem Schmuck,
aus dem Schoß der Morgenröte,
tritt der Tau deiner Jungmannschaft hervor." Ps. 110,3 (SchÜ)

Gott ist ein Gott der Schlachten. Er ist ein Mann der Kriegszüge. Einer seiner Haupttitel ist *Herr der Heerscharen*, d.h. „Herr der Armeen". Er erschien Josua als der Hauptmann der Armee des Herrn. Die Bibel offenbart, dass das gegenwärtige Zeitalter mit einem gewaltigen Zusammenstoß der Heere Gottes und der Truppen Satans enden wird. Zu diesem Zweck rekrutiert Gott jetzt seine Armee.

David erwartet freudig diesen Tag und sagt: „Dein Volk kommt freiwillig am Tage deines Kriegszuges“ bzw. wörtlich übersetzt: „Deine Truppen werden freiwillige Opfergaben sein.“ Gott bittet uns heute nicht um irgendwelche Opfergaben wie unser Geld, unsere Talente oder unsere Zeit. Gott erwartet von uns nur eines: *uns selbst*. Wir selbst sollen seine freiwilligen Opfergaben sein.

David beschreibt diese Armee in lebendigen Bildern. Sie tritt „aus dem Schoß der Morgenröte“ hervor – wie durch eine Geburt aus der Dunkelheit kommend als Tagesanbruch nach der Nacht. „In heiligem Schmuck“ erstrahlt sie wie „der Tau“ in der aufgehenden Sonne. Was ist reiner und schöner als ein Tautropfen, der von den ersten Sonnenstrahlen berührt wird?

So sieht die Armee aus, die Gott jetzt rekrutiert. Aus der Dunkelheit der Vergangenheit entsteht ein neuer Tag – ein Tag der Geburt und der Schlacht. Junge Männer in der Taufrische ihrer Jugend werden einberufen, aber nicht, um irgendein Opfer zu bringen, sondern um ihr eigenes Leben als eine freiwillige Opfergabe für Gott am Tage der Schlacht hinzulegen.

Meine Antwort im Glauben

Nimm mich an, Herr, als eine freiwillige Opfergabe am Tag deiner Schlacht.

DAS FUNDAMENT DER WEISHEIT

„Die Furcht des Herrn ist der Anfang der Weisheit;
alle, die danach leben, sind klug.“ Ps. 111,10

Der Psalmist spricht hier von zwei wunderbaren Eigenschaften: Weisheit und Klugheit. Er zeigt auf, dass beide eine moralische Grundlage haben. Das Fundament von Weisheit und Klugheit gleichermaßen ist die praktizierte Furcht des Herrn in unserem Leben. Wo diese Grundlage fehlt, können wir weder wahre Weisheit noch echte Klugheit erwarten.

Wir müssen den Unterschied beachten zwischen Weisheit und Klugheit auf der einen und Schläue und Intelligenz auf der anderen Seite. Es gibt viele Schlaue und gebildete Leute, die weder Weisheit noch Klugheit besitzen. Man könnte sogar tatsächlich beweisen, dass die meisten Schwierigkeiten in unserer heutigen Welt von gebildeten Toren verursacht worden sind. Schläue ist eine Sache des Verstandes, aber Weisheit entspringt dem Herzen. Der Intellekt ist ein Werkzeug, dessen Nützlichkeit vom Herzen her bestimmt wird.

Ein hochgebildeter Intellekt kann mit einem sehr scharfen Messer verglichen werden. Der eine benutzt das Messer, um seiner Familie das tägliche Brot abzuschneiden; ein anderer tötet damit vielleicht seinen Nachbarn. Es wäre unverantwortlich, ein solches Messer in die Hände eines Menschen zu legen, dem man den richtigen Umgang damit nicht zutraut.

Zu lange haben die Verehrer des säkularen Humanismus am Schrein des Intellektes angebetet. Es wird Zeit, dass wir erneut das Fundament wahrer Weisheit und echter Klugheit legen.

Meine Antwort im Glauben

Hilf mir, Herr, die moralischen Anforderungen zur Erlangung von Weisheit und Klugheit zu erfüllen.

UNSER ANTEIL AN DER ERHABENHEIT GOTTES

„Wer gleicht dem Herrn, unserm Gott,
im Himmel und auf Erden, ihm,
der in der Höhe thront, der hinabschaut in die Tiefe,
der den Schwachen aus dem Staub emporhebt
und den Armen erhöht, der im Schmutz liegt?
Er gibt ihm einen Sitz bei den Edlen,
bei den Edlen seines Volkes.“ Ps. 113,5-8

Der Psalmist portraitiert zwei Aspekte des Wesens Gottes, die widersprüchlich erscheinen und doch in ihm wunderbar vereint sind. Auf der einen Seite sehen wir Gottes erhabene Größe. Er thront in der Höhe. Er erniedrigt sich und schaut hinab in die Tiefe – auf das, was im Himmel und auf Erden vor sich geht. Auf der anderen Seite finden wir Gottes zartes Mitgefühl für den Schwachen und den Armen. Er hebt sie aus dem Staub – ja sogar aus dem Schmutz – empor und setzt sie zu den Edlen seines Volkes.

Durch den Propheten Jesaja zeigt uns Gott das gleiche Paradox auf und sagt: „Als Heiliger wohne ich in der Höhe, aber ich bin auch bei den Zerschlagenen und Bedrückten ...“ (Jes. 57,15). Gott schließt die Niedrigen nicht von seinem erhabenen Wohnort aus. Im Gegenteil, gerade sie lädt er zu sich ein.

Aufgrund ihrer Tradition haben viele von uns ein gewisses Verständnis von Gottes ehrfurchtgebietender Größe bekommen. Dies ist sowohl bei Predigern als auch bei Dichtern ein beliebtes Thema. Doch nur der Heilige Geist kann uns den anderen Aspekt des Wesens Gottes offenbaren: sein zartes Mitgefühl und seine Herablassung.

Wenn wir die erhabene Majestät Gottes unserer eigenen Position im Staub und Schmutz gegenüberstellen, fühlen wir uns selbst vollkommen unwürdig, uns Gott zu nahen und, noch viel weniger, Gemeinschaft mit ihm zu haben. Wir müssen das göttliche Paradox verstehen lernen: Gerade unsere Niedrigkeit qualifiziert uns für die Einladung Gottes, an seiner Erhabenheit Anteil zu haben.

MEINE ANTWORT IM GLAUBEN

Aus meiner Niedrigkeit heraus, Herr, nehme ich die Einladung an, an deiner Erhabenheit Anteil zu haben.

ERWÄHLE DAS LEBEN

„Ich werde nicht sterben, sondern leben,
um die Taten des Herrn zu verkünden." Ps. 118,17

Unsere Einstellung zum Leben muss vollständig positiv sein. Wir können es uns nicht erlauben, irgendwie negativ oder pessimistisch eingestellt oder auf den Tod hin ausgerichtet zu sein. Wie viele Menschen geben dem Druck einer bestimmten Situation nach und rufen: „Ich wünschte, ich wäre tot!" Dabei erkennen sie so gut wie nicht, dass dieser Todeswunsch allen möglichen dunklen und negativen Kräften Tür und Tor öffnet, die hineinschwärmen in ihren Sinn und dort schließlich von ihrer Persönlichkeit Besitz ergreifen. Was als eine unnütze, gedankenlose Reaktion auf einen vorübergehenden Druck begann, kann als tragische Realität enden.

In 5. Mos. 30,19 konfrontiert Mose die Israeliten mit der gleichen Sache: „Leben und Tod lege ich dir (heute) vor, Segen und Fluch. Wähle also das Leben, damit du lebst, du und deine Nachkommen." Wie viele von uns erkennen wirklich, dass das Leben eine Wahl unsererseits erfordert? Wir dürfen uns den Umständen nicht mit passiver Gleichgültigkeit unterwerfen und sagen: „Es kommt, wie es kommen muss." Gott stellt uns vor die Wahl: auf der einen Seite Leben und Segen, auf der anderen Seite Tod und Fluch. Wir können dieser Fragestellung nicht ausweichen. Nicht zu wählen heißt die falsche Wahl zu treffen.

Die Wahl, die wir treffen, wird nicht nur uns selbst, sondern auch unsere Nachkommen beeinflussen. Das Leben zu erwählen setzt einen Strom frei, der sich auch auf die nachfolgenden Generationen ergießen wird.

Jesus sagte: „Der Dieb kommt nur, um zu stehlen, zu schlachten und zu vernichten; ich bin gekommen, damit sie das Leben haben und es in Fülle haben" (Joh. 10,10). Wem werden wir uns hingeben – Jesus oder dem Dieb?

MEINE ANTWORT IM GLAUBEN
Gemäß deinem Wort, Herr, erwähle ich heute das Leben für mich und meine Nachkommen.

AUF GOTTES GESETZE BAUEN

„Ich bin nur Gast auf Erden.
Verbirg mir nicht deine Gebote.
In Sehnsucht nach deinem Urteil verzehrt sich
allezeit meine Seele." Ps. 119,19-20

David hat sich selbst im Spiegel der Realität betrachtet und ruft aus: „Ich bin nur Gast auf Erden." Für fast jeden von uns kommt solch ein Moment der Wahrheit, wo auch wir anerkennen müssen, dass diese gegenwärtige Welt nicht unser Zuhause ist. Menschen oder Dinge, auf die wir uns gestützt haben, werden plötzlich hinweggenommen. Alles um uns herum erscheint vergänglich und unbeständig. Unser Leben selbst gleicht einem Nebel, der für ein paar Augenblicke in der Luft liegt und dann vergeht, um nie wieder zurückzukehren.

Menschen reagieren auf diese Erkenntnis verschiedenartig. Einige stürzen sich in Vergnügen und Unterhaltung hinein, finden aber kaum wahre Befriedigung. Andere überhäufen sich mit Arbeit und halten niemals inne, um nach dem bleibenden Wert all ihrer Arbeit zu fragen. Wieder andere stumpfen durch Alkohol oder Drogen ab oder ziehen sich in eine von ihnen selbst geschaffene Phantasiewelt zurück.

David jedoch wandte sich einer andersartigen Quelle zu: den Gesetzen Gottes. Er sah das Zeitliche und Vergängliche hier auf Erden und erkannte, dass alles Leben letztlich von den Gesetzen Gottes regiert wird. Diese Gesetze sind wahrhaft beständig und unwandelbar. Indem er sein Leben auf ihnen aufbaute, erkannte er, dass er eine Stabilität und Sicherheit finden konnte, die dem Wandel der Welt um ihn herum nicht unterworfen war.

Den Beweis seines Erfolges liefert eine einfache historische Tatsache: 3000 Jahre später empfangen zahllose Männer und Frauen noch immer Trost aus den Psalmen Davids.

MEINE ANTWORT IM GLAUBEN

Lass auch mich mein Leben auf den ewigen und unwandelbaren Gesetzen Gottes aufbauen.

EIN BEFREITES HERZ

„Ich eile voran auf dem Weg deiner Gebote,
denn mein Herz machst du weit.“ Ps. 119,32

Was bedeutet es, befreit zu sein und ein weites Herz zu haben? Heißt es, dass wir alles zu jeder Zeit tun können, wie es uns gefällt? Daß wir jegliche Disziplin und Einschränkung über Bord werfen und uns nach Lust und Laune ins Vergnügen stürzen können? Dieses Bild von Freiheit stellen sich heute viele Menschen vor, aber es entspricht nicht den Tatsachen menschlicher Erfahrungen. Wir mögen unser Ego zum König unseres Lebens krönen, und doch werden wir bald entdecken, dass das Ego nur eine Marionette ist, die von unsichtbaren

Mächten dirigiert wird, über die wir keine Kontrolle haben. In Wahrheit bedeutet die Zügellosigkeit des Ego Sklaverei der Sünde und des Satans.

David hat eine andere Art von Freiheit entdeckt – eine Freiheit, die nur von Gott stammt. Er sagt: „Du machst mein Herz weit." Wie sieht der Beweis dieser Freiheit aus? „Ich eile voran auf dem Weg deiner Gebote." Die Freiheit, die David entdeckt hatte, bestand nicht in einer Zügellosigkeit nach Lust und Laune. Sie war vielmehr eine Freiheit, Gott zu gehorchen und seinen Willen zu tun. Ein altes Gebet der Kirche besagt, dass Gott zu dienen vollkommene Freiheit bedeutet. Im lateinischen Original heißt es noch deutlicher: Gott zu dienen bedeutet, als König zu herrschen.

Immer wieder treffe ich bekennende Christen, die Gott nur ein Minimum zur Verfügung stellen wollen. Ihre Einstellung scheint zu sein: „Wie wenig kann ich tun und immer noch ‚gerettet' bleiben?" David war anders. In der Art und Weise, wie er seine Freiheit beschreibt, liegt eine Heiterkeit. Er geht nicht nur auf dem Weg des Gehorsams zu Gott. Er eilt vielmehr voran. Er gehorcht Gott nicht zögernd oder widerwillig, sondern freiwillig und freudig.

Das ist der biblische Beweis für ein wirklich befreites und wahrhaft weites Herz.

Meine Antwort im Glauben

Ich entsage der betrügerischen Zügellosigkeit des Ego und gebe mich völlig Gott hin, um ihm zu dienen.

ERQUICKUNG DURCH GOTTES WORT

„Gedenke des Wortes an deinen Knecht,
auf welches du mich hoffen ließest!
Das ist mein Trost in meinem Elend,
dass dein Wort mich erquickt." Ps. 119,49-50 (SchÜ)

Haben Sie auch Zeiten erlebt, in denen Sie Gott an etwas erinnert haben? Genau das tut David hier. Er erinnert Gott an eine Verheißung, die Gott ihm gegeben hat, und drückt damit aus: „Ich halte an deiner Verheißung fest, Herr. Sie ist die einzige Quelle meiner Hoffnung. Ich schaue auf dich und erwarte, dass du sie erfüllst."

Viele Male hat Gott in der Bibel das Leben seiner Diener durch eine spezifische und persönliche Verheißung geprägt, die er ihnen gab. So war es bei Abraham, Joseph, Mose und bei vielen anderen. In allen Fällen wurde ihr Lebenslauf durch die Auswirkungen der Verheißungen bestimmt, die Gott gegeben hatte. In Zeiten der Dunkelheit erinnerten sie sich an diese Verheißungen und brachten sie erneut vor Gott.

Bedeutet dies, Gott habe es nötig, von uns erinnert zu werden für den Fall, dass er seine eigenen Worte vergessen hat? Nein, das glaube ich nicht. Vielleicht aber empfangen wir eine Verheißung und halten sie fest in unseren Herzen – mitunter über viele Jahre hinweg –, aber sie ruht gleichsam wie ein Samenkorn im Erdboden. Wenn der Heilige Geist uns dann dazu drängt, bestätigen wir erneut vor Gott unseren Glauben an das, was er uns verheißen hat. Daraus entstehen zwei miteinander verbundene Resultate. Die in der Verheißung liegende Kraft Gottes wird freigesetzt, um die Erfüllung zu bewirken. Gleichzeitig bekommen wir neues Leben und Stärke. Deshalb sagt David weiter: „Dein Wort hat mich erquickt."

Auch für uns liegt der Schlüssel zur Erfüllung seiner Pläne für unser Leben darin, dass wir verstehen, wie wir mit Gottes Verheißungen umgehen sollen.

MEINE ANTWORT IM GLAUBEN

Ich bestätige erneut meinen Glauben, Herr, an jede Verheißung, die du mir gegeben hast.

ZEIT ZUM INNEHALTEN UND ÜBERDENKEN

„Ich überdenke meine Wege,
zu deinen Vorschriften lenke ich meine Schritte.
Ich eile und säume nicht, deine Gebote zu halten." Ps. 119,59-60

Von Zeit zu Zeit in unserem Leben müssen wir innehalten und unsere Wege überdenken. Es ist so leicht, sich in eine endlose Reihe von Aktivitäten zu stürzen und unsere übergeordneten Ziele zu vergessen. Wir widmen den einzelnen Projekten so viel Aufmerksamkeit, dass wir vor lauter Bäumen den Wald der ewigen Pläne Gottes nicht mehr sehen. Wenn das geschieht, müssen wir anhalten und uns selbst zwei grundlegende Fragen stellen: Erstens, was ist das Endziel von allem, was ich tue? Zweitens, erreiche ich dieses Ziel?

Wenn wir versagen, uns mit diesen grundlegenden Fragen zu befassen, werden wir möglicherweise ein Gefühl der Frustration verspüren, das wir nicht erklären können. Wir erledigen eine Menge anscheinend wichtiger Dinge und sind doch innerlich unzufrieden. Die Resultate, die wir erwarten, stellen sich nicht ein. Mit genau diesem Problem konfrontierte Haggai das jüdische Volk in seinen Tagen: „Achtet auf eure Wege! Ihr säet viel und bringt wenig ein; ihr esset und werdet doch nicht satt; ihr trinket und habt doch nicht genug; ihr kleidet euch und werdet doch nicht warm; und wer einen Lohn verdient, der legt ihn in einen durchlöcherten Beutel!" (Hag. 1,5-6, SchÜ)

Auch David hat diese Art von Frustration in seinem Leben erfahren und zeigt uns das Heilmittel, das er entdeckt hat: Ausrichtung unseres Lebens nach den Geboten Gottes und Gehorsam gegenüber seinen Befehlen als unsere erste Priorität. Dies wird in allen anderen Bereichen unseres Lebens Harmonie und Produktivität wiederherstellen.

MEINE ANTWORT IM GLAUBEN
Von heute an will ich mein Leben nach den Geboten und Befehlen Gottes ausrichten.

FREUNDSCHAFT MIT GOTTES VOLK

„Ich bin ein Freund all derer, die dich fürchten und ehren, und aller, die deine Befehle befolgen." Ps. 119,63

Wenn sie jemandem erzählen, dass Sie Christ sind, werden Sie gewöhnlich eine bestimmte Frage erwarten: Zu welcher Denomination gehören Sie? Welche Kirche besuchen Sie? Sind Sie Baptist, Methodist, Lutheraner oder Katholik? Ich für meinen Teil frage mich, ob Gott so sehr an diesen Etiketten interessiert ist wie einige Menschen. Ich zumindest habe kein Interesse, in die Schublade einer bestimmten Denomination eingeordnet zu werden. Wenn die Menschen mich einmal in eine ihrer kleinen religiösen „Schubladen" gesteckt haben, ist ihr Sinn nicht länger offen für die wirklich wichtigen Dinge. Ich sehe es lieber, wenn sie zu mir als Person eine Beziehung haben und mich nicht als religiöses Ausstellungsstück betrachten.

Wenn ich also gefragt werde, welcher Denomination ich angehöre, antworte ich gerne mit den Worten Davids: „Ich bin ein Freund all derer, die Gott fürchten und ehren und seine Befehle befolgen." Diese Antwort legt die Betonung auf die vorrangigen Angelegenheiten: meine Beziehung zu Gott und zu seinem Volk.

Meine erste Frau Lydia schockierte einmal eine katholische Dame, die unsere Nachbarin war, indem sie beiläufig bemerkte: „Natürlich werden im Himmel keine Katholiken sein." Als der Dame vor Erschütterung und Verwunderung der Mund offen blieb, fügte Lydia schnell hinzu: „Es wird dort auch keine Protestanten geben. Der Himmel gehört denen, die Gott lieben und ihm gehorchen."

Wir brauchen nicht zu warten, bis wir im Himmel eintreffen, um diese Entdeckung zu machen. Schon hier auf Erden gibt es zwischen solchen Leuten, wie David sie beschreibt, ein Band der Liebe und des inneren Verständnisses, das über alle menschlich-religiösen Etiketten erhaben ist.

MEINE ANTWORT IM GLAUBEN
Gib mir ein Herz voll Liebe, Herr, für alle, die dich fürchten und ehren und deine Befehle befolgen.

IM LEIDEN LERNEN

„Bevor ich gedemütigt wurde, irrte ich.
Jetzt aber halte ich dein Wort.
Es ist gut für mich, dass ich gedemütigt wurde,
damit ich deine Satzungen lernte.
Ich weiß, Herr, dass deine Gerichte Gerechtigkeit sind
und dass du mich in Treue gedemütigt hast."

Ps. 119,65.71.75 (rev. ElbÜ)

Wenn je ein Mensch durch Leiden gehen musste, dann war es David. Und doch wurde er nicht verbittert oder entmutigt. Vielmehr blickte er darauf zurück und war dankbar. Er erkannte, dass es Gutes in ihm bewirkt hatte. In den hier zitierten

Versen vermittelt uns David zwei lebenswichtige Lektionen, die er in seinem Leiden gelernt hatte.

Die erste Lektion bezieht sich auf die Motive Gottes, wenn er erlaubt, dass wir in Leiden geraten. Gott gestattet es nicht, weil er auf uns ärgerlich wäre oder uns ablehnen würde. Im Gegenteil, es ist der Ausdruck seiner Treue. Er sieht uns, wenn wir eine falsche Richtung einschlagen, die uns nur eigenen Schaden und letztlich Ruin bescheren würde. Dann sendet er uns Leiden, um uns auf den Weg zurückzubringen, der zu Frieden und Segen führt.

Die zweite Lektion betrifft unsere Reaktion auf Leiden. David betrachtete das Leiden nicht als Unglück. Vielmehr sah er darin heilende Medizin, die zurechtbringt. Er brauchte sie, um sein Leben erneut auszurichten. „Bevor ich gedemütigt wurde, irrte ich“, sagte er, „aber ich habe dafür gelitten. Nun habe ich meine Lektion gelernt: Es macht sich bezahlt, deinem Wort zu gehorchen.“

Befinden Sie sich mitten im Leiden? Schlagen Sie nicht zurück und argumentieren Sie nicht mit Gott! Anerkennen Sie, dass Gott Ihnen in seiner Treue Leiden sendet! Er hat einen Grund dafür. Fragen Sie ihn danach! Er ist dabei, Sie von etwas abzubringen, das für Sie gefährlich wäre, und Sie in eine Richtung zu lenken, die für Sie segensvoll ist. Wenn Sie bereit sind, in Ihrem gegenwärtigen Leiden zu lernen, dann wird die Zeit kommen, in der Sie mit Dankbarkeit auf die Wohltaten zurückblicken werden, die Sie erhalten haben.

Meine Antwort im Glauben

Ich anerkenne, dass du einen Grund für ein Leiden hast, Herr. Hilf mir, meine Lektion zu lernen.

DEIN WORT STEHT FEST IM HIMMEL

„In Ewigkeit, Herr, steht dein Wort fest im Himmel."

Ps. 119,89 (rev. ElbÜ)

Seit vielen Jahrhunderten hat der Mensch durch Spekulationen und logische Schlussfolgerungen das Wesen Gottes zu entdecken versucht, aber das Ende bestand immer in Frustration. Verschiedene Philosophen, die alle für sich die reine Vernunft in Anspruch nahmen, sind zu völlig unterschiedlichen Schlüssen gekommen: Gott ist vollkommener Geist; Gott ist totale Wirklichkeit; Gott ist jeder Existenzform immanent; es gibt keinen Gott usw. usf.

Über all solche Spekulationen erhaben, hat es Gott souverän bestimmt, sich selbst nicht der Vernunft, sondern dem Glauben des Menschen zu offenbaren. Der Hauptkanal der Selbstoffenbarung Gottes ist das einzigartige Buch, das auf seine Veranlassung hin geschrieben wurde: die Bibel. In den hier zitierten Worten Davids werden uns drei wunderbare Tatsachen über die Bibel genannt.

Die erste Tatsache steht am Anfang: *in Ewigkeit*. Die Bibel ist ewig. Sie wird nicht von der vorübereilenden Zeit beeinflusst. Sie verändert sich nicht mit der Mode, mit geschichtlichen Ereignissen oder mit den Einstellungen und Gedankengängen der Menschen. Sie besteht für immer.

Zweitens: David nennt sie *dein Wort*. Die Bibel ist Gottes Wort, nicht das von Menschen. Sie stammt von Gott, nicht von Menschen. Sie ist die Offenbarung von Gott selbst – die Offenbarung seiner Wege, seiner Gedanken, seiner Einstellungen, seiner Pläne und seiner Gesetze. Menschen waren die Kanäle, durch die das Wort zu uns kam, Gott aber war immer der Ursprung.

Drittens: Dieses Wort *steht fest im Himmel*. Nichts, was auf Erden geschieht, kann es je erschüttern. Es ist nicht den Beschlüssen der Könige und Eroberer, den Meinungen der Politiker oder der Gewalt der Armeen unterworfen. Es liegt außerhalb der Reichweite aller bösen Mächte. Letztendlich bestimmt das Wort Gottes den Lauf aller Ereignisse auf Erden.

Meine Antwort im Glauben
Im Glauben empfange ich für mich die Offenbarung Gottes und beuge mich seiner Autorität in meinem Leben.

DER PLAN DER GESETZE GOTTES

„Deine Treue währt von Geschlecht zu Geschlecht;
du hast die Erde gegründet, sie bleibt bestehen.
Nach deiner Ordnung bestehen sie bis heute,
und dir ist alles dienstbar.“ Ps. 119,90-91

Die Kraft, die das Universum kontrolliert, ist nicht rein physischer Natur. Sie kann nicht völlig mit Begriffen der mathematischen Physik beschrieben werden. Bis zu einem gewissen Punkt treffen sie zu, aber sie beinhalten nicht die ganze Wahrheit. Die sogenannten „Gesetze“ des Universums sind nicht das Ergebnis einer zufälligen Wechselwirkung von unbelebten Kräften. Die letztendliche Wirklichkeit hinter dem Universum besteht in einer Person: Gott. Gerade das Wort *Gesetz* ist bedeutungslos ohne einen Gesetzgeber – einen, der das Gesetz erlässt und es auch vollstreckt. Die Gesetze, die der Mensch im Universum entdeckt, sind der sichtbare Ausdruck der Treue des unsichtbaren Schöpfers.

Diese Gesetze stammen nicht nur von Gott, sie dienen Gott auch. Gott hat das Universum nicht einfach in Gang gesetzt und sich dann auf den Platz eines unbeteiligten Zuschauers zurückgezogen. Er verfolgt einige Pläne, die sich fortwährend im Lauf der Geschichte des Universums entfalten. Welch wundervolle Offenbarung! Alles im Universum gehorcht beständig den Gesetzen Gottes und dient seinen Plänen.

Paulus erweitert in seinem Brief an die Gemeinde zu Korinth diese Offenbarung um einen Schritt: „Denn alles geschieht um euretwillen“ (2. Kor. 4,15/rev. ElbÜ). Nicht nur gehorcht das ganze Weltall den Gesetzen Gottes, nicht nur dienen alle diese Gesetze den Plänen Gottes, sondern – was noch weit wunderbarer ist – im Mittelpunkt seiner Pläne, die sich auf diese Weise erfüllen, steht das Volk Gottes. Alle diese Gesetze sind dazu bestimmt und erlassen worden, um das Beste vom Besten für diejenigen zu erreichen, denen die erlösende Liebe und Fürsorge Gottes gilt.

Meine Antwort im Glauben

Ich anerkenne, dass Gottes Gesetze im ganzen Universum wirksam sind, und ich glaube, dass ihre Absicht mein Bestes ist.

VERANKERT IN GOTTES GESETZ

„Wäre nicht dein Gesetz meine Freude,
ich wäre zugrunde gegangen in meinem Elend.
Nie will ich deine Befehle vergessen;
denn durch sie schenkst du mir Leben.“ Ps. 119,92-93

Elend und Leiden gehören zum Leben in dieser Welt. Daher ist es unrealistisch zu erwarten, man könne es vermeiden. Einige Christen hegen die Vorstellung, ihr Glaube würde ihnen zu einer automatischen Befreiung aus dem Leiden verhelfen, doch dem ist nicht so. Eigentlich kann man das Gegenteil erwarten. Paulus und Barnabas berichteten einer neugegründeten christlichen Gemeinde: „Durch viele Drangsale müssen wir in das Reich Gottes gelangen“ (Apg. 14,22). Suchen Sie nicht nach einem Weg durch das Leben, der das Leiden umgeht. Sollten Sie durch Zufall einen solchen finden, er würde Sie nicht in das Reich Gottes leiten.

David entkam sicher nicht den stürmischen Wogen und dem Gegenwind des Leidens, aber er hatte einen Anker, der ihm in all dem Festigkeit vermittelte. Dieser Anker war das Gesetz Gottes. Davids Herz war in Liebe so fest an das Gesetz Gottes gebunden, dass das Leiden ihn nicht fortreißen konnte. Zurückblickend auf all das, was ihm widerfahren war, sagte er mit Dankbarkeit zum Herrn: „Nie will ich deine Befehle vergessen; denn durch sie schenkst du mir Leben."

Der gleiche Anker steht uns auch heute noch zur Verfügung: das ewige, unwandelbare Gesetz Gottes. Die Stürme des Leidens können seine Fundamente nicht bewegen oder seine Autorität vermindern. So wie David machen wir das Gesetz Gottes zu unserem Anker durch unsere uneingeschränkte Hingabe und unseren Gehorsam. Daraus fließt ein Strom des Lebens, der in uns stärker ist als alle Mächte, die uns von außen bekämpfen.

Meine Antwort im Glauben
Herr, ich liefere mein Herz in uneingeschränktem Gehorsam deinem ewigen Gesetz aus.

DER NÄCHSTE SCHRITT

„Dein Wort ist meines Fußes Leuchte
und ein Licht für meinen Pfad." Ps. 119,105 (SchÜ)

Davids Anliegen hier gilt dem Weg, den wir durch diese Welt gehen. Er richtet seinen Blick auf zwei Hauptelemente in unserem Wandel: die Füße, mit denen wir gehen, und der Pfad, auf dem wir voranschreiten. Er bietet uns die wunderbare Gewissheit an, dass wir niemals in Finsternis wandeln müssen, wenn wir völlig auf Gottes Wort vertrauen und ihm gehorchen.

Es werden Zeiten kommen, in denen die Welt um uns herum in totaler Finsternis sein wird und wir nicht fähig sind, mehr als ein paar Meter in jede Richtung zu sehen. Vielleicht werden ungelöste Probleme vor uns liegen oder um die nächste Ecke herum Gefahren auf uns lauern. Aber in all dem haben wir diese Garantie: Wenn wir aufrichtig dem Wort Gottes, so wie es uns in der bestimmten Situation geoffenbart wird, gehorsam sind, werden wir niemals in der Finsternis wandeln. Niemals werden wir unsere Füße an einen trügerischen Ort setzen, so dass wir straucheln oder uns verletzen oder ins Unglück rennen.

Diese Garantie bezieht sich jedoch nur auf einen speziellen Bereich: auf den Ort, den wir mit unserem nächsten Schritt erreichen. Gott verheißt uns nicht, dass wir mehr als einen Schritt im Voraus zu sehen in der Lage sind. Darüber hinaus haben wir vielleicht keine Möglichkeit zu wissen, was uns erwartet – aber das soll nicht unsere Sorge sein. Alles, was Gott von uns verlangt, ist, den nächsten Schritt im einfachen Gehorsam zu seinem Wort zu unternehmen.

Unsere größte Gefahr besteht darin, dass wir versuchen werden, zu weit im Voraus in die Dunkelheit zu spähen. Indem wir das tun, werden wir vermutlich den Ort für unseren nächsten Schritt verpassen. Dieser Ort ist der einzige Platz, der in diesem Moment für uns erhellt ist.

Meine Antwort im Glauben

Herr, zeige mir, wohin ich gerade jetzt im Gehorsam zu deinem Wort meinen Fuß setzen soll. Die Zukunft will ich gerne in deinen Händen belassen.

GOTTES GEBOTE ZU HERZEN NEHMEN

„Darum liebe ich deine Gebote mehr als Gold und Feingold. Darum wandle ich aufrichtig nach allen deinen Vorschriften. Jeden Lügenpfad hasse ich.“ Ps. 119,127-128 (rev. ElbÜ)

Wie ist Ihre Haltung zu den Geboten Gottes? Fürchten Sie sie? Ärgern Sie sich über sie? Versuchen Sie, von ihnen loszukommen? Das wäre eine törichte Haltung. Gott hat uns seine Gebote nicht gegeben, um uns Probleme zu bereiten, sondern sie zu lösen; nicht, um uns zu verletzen, sondern uns zu helfen. Gottes Liebe drückt sich in seinen Geboten aus. Er hat sie uns gegeben, um uns vor uns selbst und vor dem Bösen zu bewahren und uns den Weg heraus aus unseren Schwierigkeiten und Problemen zu zeigen.

David hatte das gelernt. Darum sagte er zu Gott: „Ich liebe deine Gebote mehr als Gold und Feingold.“ Was gibt es Kostbareres als Gold? Nichts in dieser erschaffenen Welt. Die Gebote Gottes aber sind unendlich kostbarer. David hatte das verstanden. Anstatt daher vor den Geboten Gottes davonzulaufen, sich über sie zu ärgern oder ihnen nur zögernd zu gehorchen, nahm er sie als Zeichen der Liebe Gottes zu ihm zu Herzen.

Die Liebe zu den Geboten Gottes brachte bei David automatisch eine dementsprechende Haltung von Hass gegenüber jedem Lügenpfad hervor, gegenüber allem, was im Widerspruch zu jenen Geboten stand. In Fragen der Moral kann es keine neutrale Einstellung geben. Liebe und Gehorsam gegenüber den Geboten Gottes werden in uns bewirken, dass wir alle betrügerischen Verkleidungen, mit denen sich das Böse maskiert, durchschauen und uns davon abwenden. Der Wandel im Lichte jener Gebote wird uns vor allem Schädlichen und Zerstörerischen bewahren.

Meine Antwort im Glauben

Ich nehme die Gebote Gottes als Zeichen seiner Liebe zu mir zu Herzen und entsage jedem Kompromiss mit dem Bösen.

VERHEISSUNGEN, DIE DEN TEST BESTEHEN

„Deine Worte sind rein und lauter;
dein Knecht hat sie lieb." Ps. 119,140 (rev. ElbÜ)

Welche Erquickung und Gewissheit vermittelt uns David aus seiner eigenen Erfahrung heraus! *Gottes Verheißungen sind gründlich getestet worden*; sie sind rein und lauter. Seine Worte sind keine bloßen Theorien oder nur abstrakte Theologie. In all den verschiedenen Umständen unseres Lebens bestehen sie den Test.

Auf dieses Zeugnis Davids hin hallt es in meinem eigenen Herzen wider: *Amen*! Seit über 40 Jahren habe ich aufgrund von Gottes Verheißungen gelebt. Ich habe sie in vielen verschiedenen Umständen erprobt: im Krieg, in Hungersnot, in Krankheit, in Einsamkeit, in Trauerfällen, im Missverstanden-Werden. Als ich ein Jahr lang wegen einer Sache im Krankenhaus lag, die die Ärzte nicht heilen konnten, wandte ich mich den Verheißungen Gottes zu und empfing eine vollständige und andauernde Heilung. Als meine erste Frau heimgerufen wurde, nachdem wir 30 Jahre zusammen verbracht hatten, stillten Gottes tröstliche Verheißungen meine Not, wie es kein menschlicher Trost vermochte. Wie David möchte ich Ihnen daher Gottes Verheißungen ans Herz legen. Für jede Not, die in unserem Leben entsteht, gibt es eine Verheißung – und jede von ihnen besteht den Test.

Vielleicht sind Sie enttäuscht, verletzt oder desillusioniert, weil jemand – oder mehrere Leute – Ihnen Versprechungen gemacht und dann nicht gehalten haben. Gott ist anders. Er hält alle seine Verheißungen. Seien Sie nicht entmutigt, wenn Menschen Sie im Stich gelassen haben. Werden Sie nicht verbittert oder zynisch, denn das würde Ihnen nur schaden. Richten Sie Ihre Augen auf Gott. Sehen Sie fest auf seine Treue. Setzen Sie Ihr Vertrauen auf seine Verheißungen. Sie sind gründlich getestet worden.

MEINE ANTWORT IM GLAUBEN
Zeige mir, Herr, wie ich mir die Verheißungen deines Wortes zu eigen machen kann. Sie werden jede Not in meinem Leben stillen.

DER SCHLÜSSEL ZUM FRIEDEN

„Großen Frieden haben, die dein Gesetz lieben,
und nichts bringt sie zu Fall." Ps. 119,165 (SchÜ)

Die Bibel verheißt nicht nur einfach Frieden, sondern *großen Frieden*. Leider hat sich unsere heutige Ausdrucksweise so verschlechtert, dass wir kaum mehr in der Lage sind, das gesamte Spektrum dessen, was Gott uns anbietet, richtig zu schätzen. Heutzutage haben wir ein sehr geringes Verständnis von Frieden. Wenn sich zwei Nationen nicht tatsächlich mit Kriegswaffen bekämpfen, nennen wir das Frieden. Vielleicht hasst und fürchtet man einander, beschimpft sich mit Worten und beschuldigt sich gegenseitig, dennoch reden wir noch immer von Frieden.

Die Bibel hat einen wesentlich höheren Standard. Das hebräische Wort für Frieden heißt *shalom*. Es bedeutet mehr als bloß Abwesenheit von Streit oder Krieg. Es ist mit einer Wortwurzel verbunden, die Vollständigkeit oder Ganzheit meint. Darum steht Friede für Ganzheit und Vollständigkeit. Das heißt, dass es keinen Mangel in unserem Leben gibt. Eine Person, die Frieden in diesem Sinne hat, ist eine vollständige Person und führt ein erfülltes Leben.

Diese Art Leben ist denen verheißen, die das Gesetz Gottes lieben, denn sein Gesetz ist in seiner Reichweite ebenso umfassend wie der Friede. Es gilt für jeden Bereich unseres Lebens – geistlich, emotional, physisch und materiell. Während wir jeden dieser Bereiche dem Gesetz Gottes unterordnen, kommen wir selbst in Harmonie mit dem Weltall um uns herum, denn auch dieses wird durch das gleiche Gesetz regiert. Dann bringt uns nichts zu Fall. Wir werden uns nicht schnell verletzt fühlen oder entmutigt sein. Widerstand und Schwierigkeiten werden uns nicht aus der Bahn werfen, weil die Auswirkungen des Gesetzes Gottes in uns stärker sind als alles andere, was von außen auf uns einstürmen will.

Meine Antwort im Glauben
Unterordne mein ganzes Leben deinem Gesetz, Herr, und setze deinen Frieden in mir frei.

HILFE, DIE NIE VERSAGT

„Ich hebe meine Augen auf zu den Bergen:
Woher kommt mir Hilfe?
Meine Hilfe kommt vom Herrn,
der Himmel und Erde gemacht hat.
Er lässt deinen Fuß nicht wanken;
er, der dich behütet, schläft nicht.“ Ps. 121,1-3

Der Psalmist betrachtet die Berge in ihrer Majestät und Größe und stellt dann die Frage: „Woher kommt mir Hilfe?“ Er erwartet nicht, dass seine Hilfe von den Bergen kommt. Sie dienen jedoch dazu, ihn an den Einen zu erinnern, der die Berge und die Meere und die ganze Erde erschaffen hat. Der Psalmist erkennt, dass dieser Schöpfer auch sein Helfer ist. Die Größe und die Erhabenheit der sichtbaren Schöpfung geben ihm einen Maßstab in die Hand, mit dem er die göttlichen Reichtümer messen kann, die ihm persönlich zur Verfügung stehen.

Von Zeit zu Zeit müssen auch wir die gewaltigen Wunder der Schöpfung betrachten und die Lektion des Psalmisten auf uns selbst anwenden. Dieser Schöpfer ist auch unser Hüter. Tag und Nacht wacht er über uns und hält uns aufrecht. Er schläft niemals ein.

Ich habe einmal einen kleinen Jungen beobachtet, der in den Armen seines Vaters getragen wurde. Dabei bemerkte ich, wie fest er nach dem Rockschoß des Vaters griff. Nach einer Weile schlief er aber ein, und der Handgriff löste sich. Dennoch hielt ihn sein Vater genauso sicher wie eh und je. Die Sicherheit des Jungen hing nicht davon ab, dass er sich an seinen Vater klammerte, sondern nur davon, dass sein Vater ihn festhielt.

So verhält es sich mit unserer Beziehung zu Gott. Manchmal fühlen wir, dass wir fallen werden, wenn wir uns nicht dicht genug an Gott klammern. Tatsächlich aber hält Gott selbst uns weiterhin fest, sogar dann, wenn wir ihn loslassen. Vielleicht schlafen wir ein, er dagegen nie.

Meine Antwort im Glauben

Ob ich schwach bin oder stark, ob ich wache oder schlafe, ich danke dir, Herr, dass du mich immer in der gleichen Weise festhältst.

VOLLSTÄNDIGER SCHUTZ

„Der Herr behüte dich vor allem Bösen,
er behüte dein Leben.
Der Herr behüte dich,
wenn du fortgehst und wiederkommst,
von nun an bis in Ewigkeit." Ps. 121,7-8

In den hier zitierten Versen steht im hebräischen Urtext dreimal das gleiche Wort. Andere Bibelübersetzungen benutzen drei verschiedene, aber eng miteinander verwandte Worte: der Herr wird *beschützen, behüten* und *bewachen*. Diese Unterschiedlichkeit dient dazu, die vielfältige Fülle der Fürsorge Gottes für uns zu veranschaulichen. Sie gilt in jeder Gefahr und jeder Situation sowie bei allen Angriffen.

Der Herr wird unsere Seele vor allem *Bösen* behüten. Das ist keine Garantie dafür, dass uns Versuchungen, Bedrängnisse oder Sorgen erspart bleiben. Es ist vielmehr eine Gewissheit, dass uns nichts von dem unter die Herrschaft der Sünde oder des Satans bringen kann. Inmitten von allem wird unsere Seele unverletzt erhalten bleiben.

Der Herr wird unser *Fortgehen* und unser *Wiederkommen* behüten. Er wird nicht nur zu Beginn einer jeden Reise mit uns sein, sondern auch dann, wenn wir das Ziel erreichen. Er ist mit uns nicht nur, wenn wir morgens frisch aus dem Hause gehen, sondern auch, wenn wir abends müde heimkehren.

Der Schutz des Herrn gilt *von nun an bis in Ewigkeit*. Er erstreckt sich durch die Zeit hindurch bis hinein in die Ewigkeit. Er behütet uns auf jeder Reise, die wir in dieser Zeit unternehmen. Wenn für uns dann der Zeitpunkt kommt, aus der Zeit heraus in die Ewigkeit einzutreten, wird seine Gegenwart immer noch mit uns sein. Er wird uns sicher durch die engen Pforten des Todes geleiten und uns hinein in die Fülle der Ewigkeit führen. Wenn wir dann unsere letzte Reise beenden werden, wird er dort sein, um uns zu Hause willkommen zu heißen – *für immer.*

Meine Antwort im Glauben

Mein allmächtiger Schöpfer, ich befehle dir jede Reise an, die ich von nun an unternehmen werde – bis in alle Ewigkeit.

DICHT GEBAUT UND FEST GEFÜGT

„Jerusalem, du starke Stadt,
dicht gebaut und fest gefügt." Ps. 122,3

Die Redewendung *dicht gebaut und fest gefügt* vermittelt uns eine Offenbarung davon, wie die Einheit unter Gottes Volk sein soll. In der hebräischen Sprache wird fast jedes Wort aus einer Wurzel von drei Konsonanten geformt. Wenn man die wahre Bedeutung eines Wortes wissen will, muss man die Spur bis zu seiner Wurzel zurückverfolgen. Das mit *fest gefügt* übersetzte Wort stammt von einer Wurzel, die folgende Bedeutung hat: ein Freund, ein Kamerad, einer, der mir sehr nahe steht. Das Wort hat keine speziell „religiöse" Assoziation. Es bezeichnet vielmehr eine grundlegende menschliche Beziehung, die warm und unkompliziert ist. Auch heute noch vermittelt das moderne Hebräisch die gleiche Bedeutung.

Im Laufe der Jahrhunderte hat die Kirche verschiedene andere religiöse Bedingungen als Grundlage ihrer Einheit eingeführt: einen speziellen Ort der Anbetung aufzusuchen, jede Woche zu bestimmten Zeiten zusammenzukommen, gewissen Lehraussagen zuzustimmen. Die Geschichte hat jedoch bewiesen, dass keines von diesen Dingen eine solide oder ausreichende Grundlage für die Einheit darstellt. Die Beschreibung des Psalmisten von Jerusalem bietet noch immer den einzig wahren Schlüssel dafür. Die Stärke der Kirche besteht in persönlichen Beziehungen und nicht in Gottesdiensten oder Lehrsätzen.

Was das Volk Gottes wirklich eins macht, ist die persönliche Hingabe: zuerst und zuvorderst an den Herrn, zweitens an all diejenigen, die ihm in der gleichen Weise hingegeben sind. Dieser Mörtel der persönlichen Hingabe hält uns selbst dann zusammen, wenn wir lehrmäßig nicht übereinstimmen oder uns nicht zur gleichen Zeit oder am gleichen Ort versammeln.

Er macht uns zu Freunden und Kameraden, die *fest zusammengefügt* sind.

MEINE ANTWORT IM GLAUBEN

Gib mir die Gnade, Herr, mich dir und meinen Mitgläubigen uneingeschränkt hinzugeben.

FRIEDEN DURCH GEBET

„Bittet für den Frieden Jerusalems!
Es gehe wohl denen, die dich lieben!" Ps. 122,6 (SchÜ)

Dieser Ruf zum Gebet für Jerusalem ist an alle gerichtet, die die Bibel als Gottes maßgebliches Wort akzeptieren. Gott verlangt von seinem ganzen Volk aus jeder Nation und jedem Hintergrund, dass es sich um den Frieden einer ganz besonderen Stadt kümmert: *Jerusalem.*

Dafür gibt es einen wichtigen, praktischen Grund. Gottes Plan für dieses Zeitalter wird in der Aufrichtung seines Reiches gipfeln. Jedesmal, wenn wir die vertrauten Worte beten *Dein Reich komme*, schließen wir uns selbst diesem Plan an. Wir müssen uns jedoch daran erinnern, dass es in dem Gebet weiter heißt: *Dein Wille geschehe, wie im Himmel, so auf Erden.* Auf der Erde soll das Reich Gottes aufgerichtet werden. Zwar ist sein Reich bisher noch nicht mit menschlichen Augen sichtbar, es ist aber weder verschwommen noch formlos. Letztendlich wird es zu einer berührbaren, irdischen Verwirklichung kommen.

Die Hauptstadt und das Zentrum des Reiches Gottes auf Erden wird die Stadt Jerusalem sein. Die Verwaltung einer gerechten Regierung wird sich von Jerusalem aus auf alle Nationen der Erde erstrecken. In Erwiderung darauf werden die Gaben und die Anbetung dieser Nationen nach Jerusalem zurückfließen. Daher hängen Frieden und Wohlergehen aller

Nationen von dem Frieden Jerusalems ab. Solange Jerusalem nicht in seinen Frieden eingeht, kann keine Nation auf Erden echten oder andauernden Frieden erleben.

Allen denen, die den Aufruf Gottes beachten, Jerusalem zu lieben und für seinen Frieden zu beten, gibt Gott eine besonders kostbare Verheißung: Es wird ihnen wohlergehen. Das mit *Wohlergehen* übersetzte Wort reicht über den materiellen Bereich hinaus. Es bezeichnet ein tiefes inneres Wohlsein, eine Freiheit von Sorge und Angst. Während wir uns Gottes Plan für den Weltfrieden anschließen, indem wir für Jerusalem beten, erfahren wir schon jetzt einen Vorgeschmack dieses Friedens.

MEINE ANTWORT IM GLAUBEN

Herr, ich schließe mich jetzt deinem Plan an und verpflichte mich, für den Frieden Jerusalems zu beten.

STABILITÄT, SICHERHEIT UND RUHE

„Wer auf den Herrn vertraut, steht fest wie der Zionsberg, der niemals wankt, der ewig bleibt.
Wie Berge Jerusalem rings umgeben, so ist der Herr um sein Volk, von nun an auf ewig." Ps. 125,1-2

„Denn der Herr hat den Zion erwählt, ihn zu seinem Wohnsitz erkoren: ‚Das ist für immer der Ort meiner Ruhe ...'"
Ps. 132,13-14

Mit diesen wunderschönen Bildern beschreibt der Psalmist drei der gesegnetsten Verheißungen Gottes für sein Volk: Stabilität, Sicherheit und Ruhe. Die Welt verlangt nach diesen Segnungen und sucht sie auf verschiedenen Wegen, findet sie aber nie in echter oder dauerhafter Form. Dennoch gibt es einen Ort, an dem wir alle drei finden können. Er wird als ein Berg, Zion, und als eine Stadt, Jerusalem, beschrieben.

Der Berg Zion versinnbildlicht *Stabilität*. Alle anderen Berge werden erschüttert und alle anderen Hügel entfernt werden (Jes. 54,10). Aber der Berg Zion kann nicht erschüttert werden. Er steht unter allen Bergen der Erde einzigartig da, weil Gott ihn zu seinem eigenen Wohnort abgesondert hat.

Jerusalem versinnbildlicht *Sicherheit*. Alle, die jemals nach Jerusalem gereist sind, können die Genauigkeit der Beschreibung des Psalmisten bestätigen. Es spielt keine Rolle, von welcher Himmelsrichtung aus Sie sich der Stadt nähern, Sie müssen in jedem Fall Berge überqueren, um sie zu erreichen, denn die Stadt ist von allen Seiten von Bergen umgeben. In gleicher Weise umgibt die Gegenwart des allmächtigen Gottes sein Volk.

Im Umkehrschluss geben uns Stabilität und Sicherheit *Ruhe*, immerwährende Ruhe. Gott hat erklärt: „Dies ist für immer der Ort meiner Ruhe ..." Indem wir mit Gott zusammenwohnen und von seiner Gegenwart umgeben sind, treten wir in seine Ruhe ein.

MEINE ANTWORT IM GLAUBEN

Weil ich auf Gottes Berg gegründet bin und in Gottes Stadt wohne, habe ich Anteil an seiner ewigen Ruhe.

DIE WASSERSCHEIDE DER GESCHICHTE

„Sie haben mich oft bedrängt von Jugend auf –
so soll Israel sagen –, sie haben mich oft bedrängt von Jugend auf, doch sie konnten mich nicht bezwingen. Beschämt sollen alle weichen, alle,
die Zion hassen. Sie sollen wie das Gras auf den Dächern sein, das verdorrt, noch bevor man es ausreißt." Ps. 129,1-2.5-6

Wenn Gott auf die Bühne der menschlichen Geschichte tritt, steigt er nicht von seinem Thron in Macht und Majestät herab und verlangt sofortigen Gehorsam. Solch ein Gehorsam wäre von Furcht motiviert und würde nicht unbedingt echte Unterordnung von Herzen aufzeigen. Aus diesem Grunde ist Gott im Laufe der Geschichte in vielfältigen Verkleidungen unter die Menschen getreten. Diejenigen, die von Herzen demütig und aufrichtig waren, haben die Verkleidung durchschaut und angemessen reagiert. Aber die Rebellischen verharrten weiterhin in ihrer Rebellion und waren sich noch nicht einmal bewusst, dass sie den allmächtigen Gott abgelehnt hatten.

Beginnend mit dem Exodus, hat Gott sich seit über 3000 Jahren entschieden, sich selbst mit Israel als seinem Volk zu identifizieren. Erstaunlicherweise ist das niemals durch Israels Schwäche oder Starrsinn beeinflusst worden. Sogar zu der Zeit, als sie göttliches Gericht für ihren Ungehorsam zu spüren bekamen, verkündete der Prophet Sacharja Gottes Zorn gegenüber allen Nationen, die Israel ausplünderten. Zu Israel aber sagte er: „Wer euch antastet, tastet seinen Augapfel an" (Sach. 2,8, ElbÜ).

Hier warnt der Psalmist, dass diejenigen, die gegen den Plan Gottes mit Israel kämpfen, wie das „Gras auf den Dächern" sein werden. Vielleicht sprießen sie mit unnatürlicher Schnelligkeit, aber ihre Wurzeln finden keinen Boden. Sie werden so schnell verwelken, wie sie gewachsen sind und werden als Relikt der Geschichte übrig bleiben. Der Schlüssel für echtes Wohlergehen – für einzelne wie für Nationen gleichermaßen – besteht darin, Gott in seinem Volk zu erkennen und sich mit seinem Plan für sein Volk zu identifizieren.

Gott stellt Zion in dieser Zeit wieder her. Hier finden wir die Wasserscheide der Geschichte. Diejenigen, die sich der Wiederherstellung Zions anschließen, werden Gottes Gunst und Segen genießen; diejenigen, die Widerstand leisten, werden wie das Gras auf den Hausdächern verdorren.

MEINE ANTWORT IM GLAUBEN

Herr, hilf mir, dich in deinem Volk zu erkennen und mich deinem Plan für dein Volk anzuschließen.

WIE EIN ENTWÖHNTES KIND

„Herr! Mein Herz will nicht hoch hinaus,
meine Augen sind nicht hochfahrend.
Ich gehe nicht mit Dingen um,
die zu groß und zu wunderbar für mich sind.
Habe ich meine Seele nicht beschwichtigt
und beruhigt?
Wie ein entwöhntes Kind bei seiner Mutter,
wie ein entwöhntes Kind ist meine Seele in mir."

Ps. 131,1-2 (rev. ElbÜ)

David beschreibt eine geistliche Veränderung, die in ihm stattgefunden hat: Er ist wie ein von seiner Mutter entwöhntes Kind geworden. Was meint er damit?

Ich habe in Ländern gepredigt, wo Frauen gewöhnlich ihre Babys in meinen Versammlungen gestillt haben. Jedesmal, wenn ein Kind zu schreien begann und den Gottesdienst störte, beruhigte die Mutter es sofort und gab ihm die Brust. Auf diese Weise habe ich ganz praktisch den Unterschied zwischen einem entwöhnten und einem nicht entwöhnten Kind schätzen gelernt. Ein nicht entwöhntes Kind schreit und erwartet sofort etwas von seiner Mutter. Ein entwöhntes Kind überlässt die Initiative seiner Mutter; es vertraut ihr, dass es die Nahrung zur richtigen Zeit bekommt.

Als Resultat seiner „Entwöhnung" befasste sich David nicht länger mit Dingen, die für ihn zu groß und zu wunderbar waren. Auch wir müssen Gott gestatten, uns von unserer natürlichen, undisziplinierten Arroganz zu entwöhnen, welche nach Antworten für solche Probleme schreit, die uns nichts angehen. Statt dessen müssen wir lernen, die geistliche Nahrung anzunehmen, die Gott uns zur richtigen Zeit vorbereitet und anbietet.

Entwöhnt zu sein, bedeutet ein notwendiges Stadium auf dem Weg des Kindes zur Reife hin. Seitdem ich gelernt habe, die Initiative Gott zu überlassen, erfahre ich in meinem Leben, dass ich viel mehr von ihm empfange. Der Speiseplan eines entwöhnten Kindes ist weit reichhaltiger als der eines nicht entwöhnten.

MEINE ANTWORT IM GLAUBEN

Ich lege die Arroganz ab, Herr, und vertraue dir, dass du mir mein tägliches Brot gibst – sowohl das natürliche wie das geistliche.

DIE STÄTTE DES SEGENS

„Siehe, wie gut und wie lieblich ist es,
wenn Brüder einträchtig beieinander wohnen.
Wie das köstliche Öl auf dem Haupt,
das herabfließt auf den Bart, auf den Bart Aarons,
das herabfließt auf den Halssaum seiner Kleider.
Wie der Tau des Hermon, der herabfließt
auf die Berge Zions. Denn dorthin hat der Herr
den Segen befohlen, Leben bis in Ewigkeit.“ Ps. 133 (rev. ElbÜ)

Welch mächtiger Höhepunkt. *Dorthin hat der Herr den Segen befohlen!* Einer Sache bin ich ganz sicher: Wenn der Herr den Segen befiehlt, dann gibt es keine Macht im Universum, die ihn zurückhalten kann. Oft sehe ich, wie Gottes Volk nach seinem Segen ruft und ihn ernstlich sucht. Ich kann durchaus dahinter stehen; und doch, ist es nicht weit besser, an der Stätte zu wohnen, wohin Gott den Segen befohlen hat?

Wo ist dieser Ort? Dort, wo Brüder in Einheit beieinander wohnen. „Beieinander wohnen" bedeutet viel mehr als nur für eine oder zwei Stunden am Sonntagmorgen zusammenzukommen. Es bedeutet, das Leben miteinander zu teilen – das Versagen genauso wie den Erfolg, die Probleme ebenso wie die Siege, das Materielle in gleicher Weise wie das Geistliche.

David schmiedet eine Kette von Wahrheiten, die aufeinander folgen: Leben fließt aus dem Segen; Segen fließt aus der Eintracht; und Eintracht fließt, wie das Salböl, vom Haupt aus abwärts. Nichts fließt leichter und sanfter als Öl. Aber es fließt nur *abwärts*, niemals aufwärts. David vergleicht die Einheit auch mit dem Tau. Auch dieser kommt immer *von oben*.

So verhält es sich auch mit dem Leib Christi: Die Einheit muss unter den Leitern beginnen. Die Herde kann nicht vereinigt werden, solange die Hirten getrennt sind. Aber wenn die Leiter einmal echte Einheit erreicht haben, fließt sie herab auf die übrigen Glieder des Leibes. Dorthin hat Gott bereits seinen Segen befohlen. Es ist umsonst, hinter ihm her zu laufen oder nach ihm zu streben, wenn wir nicht die Bedingungen dafür erfüllen.

MEINE ANTWORT IM GLAUBEN
Herr, hilf mir, den Platz in deinem Leib zu finden, wohin du den Segen befohlen hast.

ZUGANG ZUM HERZEN GOTTES

„Ich will mich niederwerfen
zu deinem heiligen Tempel hin
und deinem Namen danken
für deine Huld und Treue.
Denn du hast ... deinen Namen
und dein Wort über alles verherrlicht." Ps. 138,2

Hier finden wir ein wunderbares Beispiel von Gottes Sicht der Dinge und von seinem Mitgefühl für uns. Er ist ein großer und mächtiger Gott, der Schöpfer. Wir können sehen, wie sich seine Weisheit und seine Macht in zahllosen Aspekten der Schöpfung offenbart. Die Himmel verkünden seine Herrlichkeit; die Ozeane zeigen seine Macht; die Berge offenbaren seine Stärke; die Schneeflocken veranschaulichen seine Weisheit. Alle diese Wunder der Schöpfung demonstrieren uns die Größe Gottes. Eines aber können sie nicht vermitteln: Zugang zu dem Herzen Gottes.

Außerhalb des Reiches der Natur gibt es jedoch zwei andere Weisen, wie Gott sich selbst offenbart: durch seinen Namen und durch sein Wort. Diese hat er über alle Demonstrationen seiner Größe, die uns die Schöpfung liefert, erhöht und verherrlicht. Um unsertwillen tat er dies, denn durch seinen Namen und sein Wort ermöglicht er uns das, was die Schöpfung nicht vermag: Zugang zu dem Herzen Gottes.

Das Wort Gottes eröffnet uns jene vertrauten Aspekte seiner Persönlichkeit, die die Natur nicht offenbaren kann. Es zeigt uns, wie wir seine Gnade und Gunst empfangen können, und schildert, was Gott uns verheißen hat zu tun. Gottes Name macht uns schließlich alle diese Verheißungen zugänglich.

Wir können uns Gott nicht auf der Grundlage der Schöpfungswunder nahen, aber wir dürfen zu ihm kommen aufgrund der Verheißungen seines Wortes. Und alle diese Verheißungen sind uns zugänglich durch den Namen seines Sohnes Jesus Christus.

„Ich sage euch die Wahrheit, was ihr vom Vater erbitten werdet, das wird er euch in meinem Namen geben" (Joh. 16,23).

MEINE ANTWORT IM GLAUBEN

Danke, Herr, dass ich durch dein Wort und deinen Namen Zugang zu deinem Herzen habe.

SEIN PLAN FÜR MICH

„Der Herr wird seinen Plan für mich vollenden;
deine Liebe, o Herr, währt ewig.
Lass nicht ab von den Werken deiner Hände."

Ps. 138,8 (freie Übersetzung NIV)

Wie gut ist es zu wissen, dass Gott Pläne für jeden von uns hat. David sagt nicht, dass der Herr *meinen* Plan erfüllen wird, sondern dass der Herr *seinen Plan für mich* vollenden wird. Hier besteht ein großer Unterschied – es mag sein, dass ich einen Plan mache, Gott jedoch einen ganz anderen im Sinn hat. Gott garantiert mir nicht, dass er meinen Plan erfüllt, sondern vielmehr, dass er seinen Plan vollendet.

Gottes Garantie finden wir in den nächsten Worten: „Deine Liebe, o Herr, währt ewig." Das mit *Liebe* übersetzte hebräische Wort meint in seiner vollen Bedeutung die Treue Gottes, die ihn veranlasst, die Verpflichtungen des Bundes einzuhalten, den er mit uns geschlossen hat. Gottes Verpflichtung, seine Pläne in unserem Leben zu vollenden, erstreckt sich durch die Zeit hindurch bis in die Ewigkeit hinein.

David beendet diesen Vers mit einem Ausruf, der nach Verzweiflung klingt: „Lass nicht ab von den Werken deiner Hände." Ich erinnere mich, dass ich einmal am Bett einer hingegebenen Christin, die Krebs hatte, stand und ihr diente. Sie nahm die Bibelübersetzung „Die Gute Nachricht" von ihrem Nachttisch in die Hand und las laut jene Worte Davids: „Du hast mich gemacht – verlass mich nicht!" Das war ihre persönliche Bestätigung, dass weder Krankheit noch Schmerz noch selbst der Tod Gott davon abhalten können, seinen Bund in Treue zu bewahren und seinen Plan mit ihr bis zum siegreichen Abschluss zu erfüllen.

Für jeden von uns, der in diesen Bund eingetreten ist, den Gott uns durch Jesus anbietet, gilt die gleiche Gewissheit. Gott hat uns gemacht; er wird uns nicht verlassen. Vielleicht ist es nicht unser Plan, der erfüllt wird; ganz sicher aber ist es sein

Plan. Dieser Plan wird feststehen und unerschütterlich sein, ungeachtet der Umstände, durch die wir gehen.

MEINE ANTWORT IM GLAUBEN

Ich nehme Gottes Plan für mich von Herzen an, selbst wenn er sich von dem meinen unterscheidet, und ich vertraue ihm, dass er ihn vollendet.

DEN TEMPEL GOTTES RESPEKTIEREN

„Denn du hast mein Inneres geschaffen,
mich gewoben im Schoß meiner Mutter.
Ich danke dir, dass du mich so wunderbar gestaltet hast ... Als ich geformt wurde im Dunkeln, kunstvoll gewirkt in den Tiefen der Erde, waren meine Glieder dir nicht verborgen. Deine Augen sahen, wie ich entstand ...“ Ps. 139,13-16

Vor einigen Jahren sprach Gott durch diese Bibelstelle zu mir über das Wunder des physischen Leibes – insbesondere über meinen eigenen Körper. Der Körper ist ein göttliches Meisterstück, das viele Jahre im Voraus geplant wurde und aus Stoffen besteht, die in den Tiefen der Erde entstanden und im Mutterleib durch die unsichtbare Hand des Schöpfers kunstvoll zusammengesetzt wurden. Mein Augenmerk richtete sich darauf, dieses Meisterstück meines Körpers mit der ihm gebührenden Sorgfalt und Ehre zu behandeln und für die bestmögliche Kondition meines Leibes Sorge zu tragen, damit er seine von Gott gegebene Funktion erfüllen kann.

Im Laufe der Geschichte haben die Menschen immer wieder versucht, ein Gebäude zu errichten, das Gott gefällt. Sie haben Zeit, Mühe und Reichtum dabei verschwendet. Bestenfalls aber kann ein solches Gebäude als eine Stätte dienen, an der Gott angebetet wird, niemals jedoch als Gottes Wohnort selbst. „Doch der Höchste wohnt nicht in dem, was von Menschenhand gemacht ist …“ (Apg. 7,48).

Gott hat einen anderen Plan. Zu Beginn der menschlichen Geschichte hat er mit seinen eigenen Händen einen Tempel für sich selbst geschaffen: den Körper des Menschen. Danach hat er den Plan der Erlösung ausgearbeitet, wonach dieser Körper, der durch den Glauben an das Opfer Christi geheiligt würde, Gott wieder übereignet werden könnte, um ein Tempel seines Heiligen Geistes zu sein.

„Oder wisst ihr nicht, dass euer Leib ein Tempel des Heiligen Geistes ist, der in euch wohnt und den ihr von Gott habt? Ihr gehört nicht euch selbst; denn um einen teuren Preis seid ihr erkauft worden. Verherrlicht also Gott in eurem Leib!“ (1. Kor. 6,19-20)

MEINE ANTWORT IM GLAUBEN
Hilf mir, Herr, den Tempel meines Leibes in einer solchen Kondition zu erhalten, die dich ehrt.

DIE FÜNFTE KOLONNE

„Soll ich die nicht hassen, Herr, die dich hassen,
die nicht verabscheuen, die sich gegen dich erheben?
Ich hasse sie mit glühendem Hass;
auch mir sind sie zu Feinden geworden.“ Ps. 139,21-22

Ist es für Sie und mich als Christ richtig, diese Worte Davids zu wiederholen? Jawohl – wenn wir ebenfalls wiederholen, was David in den nächsten beiden Versen gesagt hat: „Erforsche mich, Gott, und erkenne mein Herz … Sieh her, ob ich auf dem Weg bin, der dich kränkt …“ Die Feinde Gottes, mit denen wir uns am meisten befassen müssen, sind nicht die, die uns von außen angreifen, sondern jene, die innen in unseren eigenen Herzen zu finden sind.

Der spanische Bürgerkrieg im Jahr 1936 prägte den Ausdruck *fünfte Kolonne*. Damals belagerte ein spanischer General eine spanische Stadt und wurde von einem anderen General nach seinen Angriffsplänen befragt. „Ich habe vier Kolonnen, die die Stadt angreifen", erwiderte der erste General, „und zwar von Norden, von Süden, von Osten und von Westen. Aber ich erwarte, dass es meine fünfte Kolonne ist, die die Stadt für mich einnimmt." „Wo ist denn ihre fünfte Kolonne?" fragte der zweite General. Die Antwort war kurz: „Innerhalb der Stadt."

So geht es uns Christen auch. Wir können niemals von außen besiegt werden, aber wenn es eine fünfte Kolonne aus Feinden Gottes in unseren Herzen gibt, bedeutet das unsere Niederlage.

Ein junger Mann bekannte mir einmal sein Problem mit Lust. „Eigentlich mag ich sie aber noch", fügte er hinzu. „Denken Sie, Gott wird mich befreien?" „Ganz bestimmt nicht!" antwortete ich. „Gott befreit uns von unseren Feinden, nicht von unseren Freunden."

Wir können es uns nicht leisten, mit Gottes Feinden befreundet zu sein.

Meine Antwort im Glauben

Zeige mir, Herr, wenn ich einer „fünften Kolonne" in meinem Herzen Unterschlupf gewähre, und hilf mir, sie loszuwerden.

VIER SCHLÜSSEL FÜR ERHÖRTE GEBETE

„Um deines Namens willen, Herr,
erhalt mich am Leben,
führe mich heraus aus der Not
in deiner Gerechtigkeit!
Vertilge in deiner Huld meine Feinde,
lass all meine Gegner untergehn!
Denn ich bin dein Knecht." Ps. 143,11-12

David befand sich in tiefer Not, aber wie so oft, wurde die Not zur Quelle der Inspiration für ihn. Das in dieser Situation entstandene Gebet ist ein Muster, das wir alle studieren sollten. Darin liefert uns David vier feste und unveränderliche Gründe für den Glauben, dass Gott unsere Gebete erhören will.

Ersten: *um deines Namens willen.* Gottes Name ermöglicht uns den Zugang zu ihm. Jesus hat seinen Jüngern verheißen: „Was ihr vom Vater erbitten werdet, das wird er euch in meinem Namen geben" (Joh. 16,23).

Zweitens: *in deiner Gerechtigkeit.* Wir dürfen uns Gott nicht in unserer eigenen Gerechtigkeit nahen, sondern nur in der Gerechtigkeit Jesu, die uns auf der Grundlage des Glaubens zugerechnet wird. Vor Gott treten wir hin, bekleidet mit dem Mantel seiner Gerechtigkeit (Jes. 61,10).

Drittens: *in deiner Huld.* Das mit *Huld* übersetzte hebräische Wort bezeichnet die Treue Gottes, die seine Bündnis-Verpflichtungen seinem Volk gegenüber einhält. Unser Versagen und unsere Schwächen verändern in keiner Weise Gottes Hingabe an uns.

Viertens: *Ich bin dein Knecht.* Dies ist eine Bestätigung unserer persönlichen Hingabe an Gott, die er ausnahmslos ehrt. Nie verlässt er diejenigen, die ihr Leben für ihn in seinen Dienst gestellt haben.

Ein Schlüsselwort taucht in allen vier Begründungen auf: Es ist das Wort *dein*. Das Geheimnis erfolgreichen Betens besteht darin, uns von uns selbst abzuwenden und unseren Blick vollständig auf die Person zu richten, zu der wir beten.

MEINE ANTWORT IM GLAUBEN

Mögen meine Nöte mich lehren, Gott im Gebet zu finden, wie es auch David erlebt hat.

DIE RELIGION, DIE GOTT AKZEPTIERT

„Der Herr beschützt die Fremden und verhilft den Waisen und Witwen zu ihrem Recht ... doch die Schritte der Frevler leitet er in die Irre.“ Ps. 146,9

Der Psalmist stellt zwei Aspekte von Gottes Charakter, die sich die Waage halten, einander gegenüber: auf der einen Seite seine Fürsorge für den Fremden, den Waisen und die Witwe – auf der anderen Seite die Strenge im Umgang mit dem Frevler. Von uns als Christen verlangt Gott normalerweise nicht, die Werkzeuge seines Gerichtes über die Frevler zu sein, aber wir sind herausgefordert, Gottes Mitgefühl gegenüber den Bedürftigen auszudrücken – insbesondere gegenüber Witwen und Waisen.

Wir sind geneigt, über Religion nur in allgemeinen Begriffen zu sprechen, ohne zu erkennen, dass uns die Bibel eine sehr spezifische Definition dessen bietet, was Gott als die echte Religion akzeptiert. Allzu oft unterscheidet sich Gottes Wortwahl und Begriffsanwendung sehr von der unseren. Viele Dinge, die wir als religiös bezeichnen, akzeptiert Gott nicht als solche.

Gottes Definition finden wir in Jak. 1,27: „Ein reiner und makelloser Dienst vor Gott, dem Vater, besteht darin: für Waisen und Witwen sorgen, wenn sie in Not sind, und sich vor jeder Befleckung durch die Welt bewahren." Da gibt es zwei Teile dieser Definition: auf der einen (positiven) Seite praktische Hilfe für Witwen und Waisen – auf der anderen (negativen) Seite unsere Bewahrung vor der Befleckung der Welt. Für „religiöse" Leute ist es charakteristisch, dass sie sehr stark gegen „Weltlichkeit" auftreten, aber allzu oft tun sie wenig oder sogar nichts, um Witwen und Waisen zu helfen.

In der heutigen Zeit ist eines sicher: Wenn wir wirklich unser Anliegen auf die Fürsorge von Witwen und Waisen richten, dann gibt es keinen Mangel an Gelegenheiten. In vielen Ländern erreichen uns die Rufe ihrer Bedürftigkeit. Wenn wir versagen, darauf einzugehen, geschieht es nur, weil wir nicht wollen, und nicht, weil wir nicht können.

MEINE ANTWORT IM GLAUBEN

Ich akzeptiere meine von Gott gegebene Verantwortung gegenüber den Bedürftigen, insbesondere gegenüber Witwen und Waisen.

ER RUFT DIE STERNE MIT NAMEN

„Er bestimmt die Zahl der Sterne und ruft sie alle mit Namen. Groß ist unser Herr und gewaltig an Kraft, unermesslich ist seine Weisheit." Ps. 147,4-5

Der Psalmist gibt uns einen objektiven wissenschaftlichen Maßstab, mit dem wir das Wissen und die Macht des Herrn messen können. Menschliche Astronomen wagen es nicht, die Zahl der Sterne im Universum zu berechnen. Allerdings sagen sie uns, dass es Milliarden über Milliarden von ihnen gibt. Und doch kennt Gott die exakte Anzahl der Sterne. Er unterhält direkten Kontakt mit jedem von ihnen und kontrolliert deren Bewegungen.

So vollständig präzise und zuverlässig sind die Bewegungen der Sterne in ihren Bahnen, dass die Astronomen mathematisch berechnen können, wo sich jeder Stern vor Tausenden von Jahren befand oder wo er in Jahrtausenden sein wird. Lassen Sie uns jedoch diese Präzision niemals einer geistlosen unpersönlichen Kraft oder einem „Gesetz" zuschreiben. Hinter allem steht die unbegrenzte Weisheit eines Schöpfers, dessen fürsorgliches Interesse bis in den entferntesten Winkel seines Weltalls reicht.

Weiterhin sagt uns der Psalmist, wie Gott die Sterne kontrolliert: *Er ruft jeden mit Namen.* In der Bibel drückt ein Name den individuellen Charakter einer Person oder die wesentliche Eigenschaft einer Sache aus. Für Gott sind selbst die Sterne nicht bloße geistlose Formationen aus Materie, die nur durch ihre Lage im Weltall oder ihre Größe identifiziert werden. Jeder hat seinen eigenen Namen, auf den er reagiert, wenn Gott ihn ruft.

Wenn Gott so mit den Sternen umgeht, wieviel mehr trifft das auf seine Söhne und Töchter zu! Fühlen Sie sich je in der Weite des Universums „verloren"? Fragen Sie sich, ob Sie wirklich wichtig sind? Dann hören Sie auf Ihren Schöpfer, der auch Ihr Erlöser ist: „Fürchte dich nicht, denn ich habe dich ausgelöst, ich habe dich beim Namen gerufen, du gehörst mir" (Jes. 43,1).

Meine Antwort im Glauben

Öffne meine Ohren, Herr, um deine Stimme jedesmal zu hören, wenn du mich mit Namen rufst.